Fábio C. Pagotto e Portuga Tavares

Clássicos do Brasil

KOMBI

Copyright © 2011 Alaúde Editorial Ltda.

Todos os direitos reservados. Nenhuma parte desta edição pode ser utilizada ou reproduzida – em qualquer meio ou forma, seja mecânico ou eletrônico –, nem apropriada ou estocada em sistema de banco de dados sem a expressa autorização da editora.

O texto deste livro foi fixado conforme o acordo ortográfico vigente no Brasil desde 1º de janeiro de 2009.

PRODUÇÃO EDITORIAL:
Editora Alaúde

REVISÃO:
Shirley Gomes e Bia Nunes de Sousa

CONSULTORIA TÉCNICA:
Bob Sharp

IMPRESSÃO E ACABAMENTO:
Ipsis Gráfica e Editora S/A

1ª edição, 2011 (2 reimpressões)

Dados Internacionais de Catalogação na Publicação (CIP)
(Câmara Brasileira do Livro, SP, Brasil)

Pagotto, Fábio de Cillo
    Kombi / Fábio de Cillo Pagotto e Portuga Tavares. --
São Paulo : Alaúde Editorial, 2011.

    Bibliografia.
    ISBN 978-85-7881-107-5

    1. Automóveis - Brasil - História 2. Kombi
(Automóveis) I. Tavares, Portuga. II. Título.

11-12166   CDD-629.2220981

Índices para catálogo sistemático:
1. Brasil : Kombi : Automóveis : História   629.2220981

2017
Alaúde Editorial Ltda.
Avenida Paulista, 1337
conjunto 11, Bela Vista
São Paulo, SP, 01311-200
Tel.: (11) 5572-9474
www.alaude.com.br

Compartilhe a sua opinião
sobre este livro usando a hashtag
#ClássicosDoBrasil
#ClássicosDoBrasilKombi
nas nossas redes sociais:

 /EditoraAlaude
/EditoraAlaude
 /AlaudeEditora

SUMÁRIO

CAPÍTULO 1 – A origem 5

CAPÍTULO 2 – A chegada ao Brasil 29

CAPÍTULO 3 – A evolução dos modelos 43

CAPÍTULO 4 – Curiosidades 89

CAPÍTULO 5 – Dados técnicos 103

Fontes de consulta 109

Crédito das imagens 110

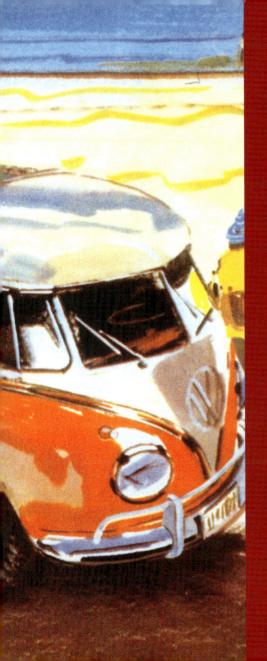

CAPÍTULO 1

A ORIGEM

SURGE UMA IDEIA

Ao contrário do que muitos pensam, a Kombi não foi criada pela mente genial de Ferdinand Porsche, tampouco pela do projetista judeu Josef Ganz. A Kombi foi criada pelo holandês Ben Pon, que, à época, trabalhava como revendedor da Volkswagen em seu país. Fora da Alemanha, ele foi um dos poucos a acreditar e apostar na empresa, cuja imagem ficara marcada pela utilização de suas instalações pelo exército de Adolf Hitler. Seus homens, aproveitando-se da versatilidade que a simplicidade dos projetos proporcionava, transformava-os em automóveis de guerra, criando veículos de tração 4x4, como os Kübelwagens e os anfíbios Schwimmwagens. Hitler também usou o projeto do Volkswagen (carro do povo, em alemão) para a criação de seu KdF-Wagen, vendido inicialmente para a população por títulos do governo nazista, que prometia facilitar o acesso a tecnologias, bens e produtos para conquistar o povo. Por causa disso, logo após a Segunda Guerra Mundial, a maioria das pessoas associava o nome Volkswagen, ou carro do povo, a carros de guerra com o símbolo da suástica, o logotipo nazista.

Com o término do conflito em 1945, mesmo dominada, a Alemanha continuou sendo vista como nação inimiga, pois os aliados e praticamente toda a Europa haviam lutado contra o país ariano durante meia década. Todos os produtos de origem germânica eram encarados como "objetos dos inimigos", o que fez com que diversas marcas alterassem a nacionalidade estampada no rótulo e até mesmo o nome de seus produtos.

Como a Volkswagen fora uma espécie de estatal e servira como símbolo do regime nazista e da popularização de suas ideias na forma de automóvel, a associação com Hitler era forte demais, mesmo depois de seu suicídio. Como resultado, ninguém queria abraçar um produto cuja venda pudesse ser muito difícil.

Robusto e confiável motor Volkswagen de 1.131 cm³ (1,1 litros) e rendimento de 25 cv líquidos.

A origem

Os veículos de guerra com mecânica Volkswagen: o anfíbio Schwimmwagen (à esquerda) e o todo-terreno Kübelwagen (à direita).

Ironicamente, a salvação da marca e de seus produtos veio com a sua tomada pelos militares ingleses, que foram os primeiros a acreditar no projeto do automóvel popular, o Volkswagen Sedan, que, décadas depois, recebeu no Brasil o conhecido apelido de Fusca. A fábrica foi ofertada ao norte-americano Henry Ford — o primeiro a construir um carro popular de fama mundial —, mas ele alegou que o projeto não agradaria e dificilmente teria a aceitação popular por ser muito diferente dos automóveis de sucesso. A história provou que mesmo os gênios erram, e esse talvez tenha sido o maior erro da vida de Ford. Com a venda descartada, a fábrica foi repassada ao governo inglês, que encarregou o major Ivan Hirst de comandar sua nova produção, ainda constituída por veículos militares. Com a ajuda do engenheiro alemão Alfred Haesner, Hirst passou a tocar a fábrica arruinada pelos bombardeios, mas com boa parte do maquinário intacta.

As manifestações a favor da produção de carros de passeio destinados ao mercado constituído pelas próprias forças armadas inglesas, deram início à produção do Volkswagen Sedan. Mesmo sob os olhos atentos dos ingleses e dos investidores que apoiaram as forças aliadas durante o conflito com Hitler, os automóveis da marca recebiam a simpatia só dos alemães, rejeitados pelo resto do mundo, especialmente por quem lutou contra esses automóveis simples e que nunca quebravam.

Mas Ben Pon acreditou nos projetos e na filosofia do Volkswagen e começou a revender seus automóveis. Dizem que um de seus clientes teria elogiado as vantagens do projeto robusto e sua mecânica simples, mas criticado sua capacidade de carga, o que serviu de estopim para a criação da Kombi. Um termo comum na época, "ovo de Colombo", ilustra bem a solução simples e criativa para a solucionar a necessidade de um transporte de cargas rápido, econômico e eficiente.

Já existiam veículos de carga da Volkswagen: eram os Plattenwagens — carros planos e retos, com plataforma na frente e cabine de comando atrás. Para entendê-los melhor, eles eram como empilhadeiras fixas de transporte, cujo desenho constituía-se de simples plataformas com uma pequena cabine para duas pessoas na parte de trás. Esses carregadores se destinavam apenas para o transporte de peças no interior da fábrica. A Volkswagen do Brasil também tinha alguns desses veículos em sua fábrica, que usava com a mesma finalidade. Os ocupantes dessa pequena cabine se sentavam em cima do motor, o que causava um grande aquecimento, porém, como eram carros de uso interno da fábrica e apenas faziam carregamentos esporádicos, poderiam ser usados sem problemas. Ben Pon pensou em importar esses veículos para seu país exatamente como eram e revendê-los; duas unidades foram levadas a Holanda, mas o departamento de trânsito holandês não emitiu a licença para sua circulação em vias públicas, alegando que, com uma frente tão longa, o veículo era pouco seguro, o que dificultaria a visualização do trânsito quando carregado.

A título de curiosidade: esses veículos foram usados no Brasil, numa versão tupiniquim — a adaptação feita pela fábrica da Volkswagen, em São Bernardo do Campo, utilizou Kombis dos anos 1960, levando a cabine para cima do motor, o que fazia com que o veículo parecesse uma pickup andando de ré. Em dois modelos, as rodas de direção foram colocadas na parte traseira, o que permitia manobras semelhantes às das empilhadeiras. Tive a oportunidade de vê-los ao vivo durante minha primeira visita à montadora, em 1995, quando estudava Mecânica de Máquinas e Motores na ETE Lauro Gomes.

Com a impossibilidade de um automóvel de carga trafegar na Holanda, Ben Pon começou a pensar numa forma de construir um veículo utilitário para cargas, de modo a atender às necessidades de seus clientes. Foi então que, no meio de uma reunião na matriz da Volkswagen, em Wolfsburg, Alemanha, Pon teve a ideia de criar um modelo "monovolume", utilizando o robusto motor Volkswagen refrigerado a ar. Na sua agenda de bolso, fez os primeiros traços do que seria a Kombi. Ainda que não fosse estilista ou engenheiro de formação e renome, seu rascunho serviu de inspiração para o produto final, que seguiu bastante os traços originais.

Embora desproporcional, o rascunho trazia as medidas e a disposição básicas do projeto, planejado para ser inicialmente um simples veículo para transporte de cargas. Mesmo sendo muito reto e com formas muito básicas, em 23 de abril de 1947, o projeto foi levado ao major Ivan Hirst e ao engenheiro Alfred Haesner, que, por acreditarem na funcionalidade que o desenho oferecia, deram o passo inicial para a criação da primeira minivan monovolume do mundo. Esse dia ficou marcado como o dia da concepção da Kombi.

Primeiro esboço da Kombi, feito numa agenda de bolso em 23 de abril de 1947.

A origem

Haesner assumiu o comando da empreitada e iniciou a produção a todo vapor. Numa época em que a construção de um projeto levava em média três anos, a Volkswagen bateu o recorde ao levar para as pistas de testes os primeiros protótipos em apenas um ano. Grande parte dessa rapidez devia-se ao aproveitamento da estrutura mecânica do Fusca, a partir do que foi possível dedicar-se mais à arquitetura da carroceria, facilitada por seu formato com muitas retas.

Nessa época, de janeiro de 1948 a 1968, a Volkswagenwerk — em alemão, Fábrica de Carros Populares — novamente sob o controle dos alemães, teve Heinrich "Heinz" Nordhoff no seu comando. Considerado um herói da empresa, graças ao seu esforço os modelos ganharam o mundo e foram temas de publicações importantes, que serviram de propaganda ao divulgar suas qualidades e levá-los às garagens de quem leu essas reportagens com atenção.

Já em fase de aprovação, as diretrizes do projeto determinavam que o furgão Volkswagen devia suportar uma carga de 800 kg. Na ideia original de Ben Pon, o motor se posicionava na parte de trás, com a carga entre os eixos e dois ocupantes à frente — uma disposição que sempre proporcionaria bom equilíbrio e permitiria o aproveitamento do chassi-plataforma de estrutura central, que servia o Sedan e o fora de estrada Kübelwagen. A principal vantagem desse sistema é que ele reduzia significativamente os custos de produção.

Ainda nas fases de testes, surgiu o principal problema do veículo: a resistência. Assim, a Volkswagen se viu obrigada a desenvolver uma nova estrutura, construída em monobloco, para suportar toda a carga prevista no projeto, e inclusive aumentou a capacidade para até 1 ton em condições extremas de exigência. A Kombi foi um dos veículos pioneiros a utilizar a carroceria em monobloco, construção seguida hoje por praticamente todos os automóveis, dada a robustez de sua estrutura associada à redução do peso e à economia de material. Nos carros atuais, o chassi aparece apenas no número de identificação do automóvel escrito nos documentos e em alguns poucos modelos (foras de estrada e caminhões basicamente) que ainda o utilizam na construção da sua estrutura.

Kombi utilizada na manutenção de linhas férreas.

A Kombi também está entre os veículos pioneiros no que diz respeito ao desenho que mescla "quadrado e redondo", ou seja, traços retos com os cantos levemente arredondados, que hoje é a nova onda no design de automóveis (round square). Modelos consagrados da atualidade seguem essa tendência: Novo Fiat Uno, Kia Soul, Citröen C3 Air Cross, Honda Fit e todos os modelos da inglesa Mini (Cooper, Clubman e Countryman).

CONSTRUÇÃO E MECÂNICA

Durante a construção da Kombi, o robusto e confiável motor boxer de quatro cilindros opostos com apenas 1,1 litro de capacidade (1.131 cm^3) era o único que a fábrica tinha disponível. Mecanicamente, não se pretendia que o veículo alcançasse grandes velocidades com seus pequenos pistões superdimensionados (75 mm de diâmetro x 64 mm de curso), que deixavam o conjunto mecânico pesado e com rendimento de apenas 25 cv de potência líquida.

A velocidade final estimada ficava em 80 km/h, mas na prática o ponteiro do velocímetro só chegava a essa marca em grandes descidas — uma prática quase suicida. Na época, as ruas das cidades eram quase todas de paralelepípedo polido, o que as tornava muito lisas, e, para piorar a situação, o sistema de freio a tambor sem assistência no interior das rodas fechadas tinha o péssimo hábito de esquentar e perdia a eficiência com facilidade. Todos esses fatores somados a um carro sem frente eram incentivos para que nunca se tentasse grandes façanhas. Popularmente, se dizia: "O para-choque da Kombi é o joelho do motorista".

A velocidade realmente não era o forte dos primeiros automóveis Kombis, que vinham equipados com motor pequeno e caixa de câmbio com quatro marchas não sincronizadas, além de exigir o duplo acionamento do pedal de embreagem e de algumas marchas, como a primeira e a ré, que arranhavam se não fossem engatadas com o automóvel em completo repouso; a segunda marcha também exigia certa perícia do motorista. Era comum ouvir um estridente arranhar do carro seguido por gritos e vaias dos pedestres.

Da caixa de câmbio dos primeiros modelos, podemos dizer que apenas a terceira e a quarta marchas eram silenciosas, graças à construção das engrenagens com dentes helicoidais, que era a mesma da caixa de câmbio do Volkswagen Sedan. A transmissão da força às rodas foi complementada por caixas de redução em cada cubo de roda traseira, cujo conjunto foi herdado do fora de estrada Kübelwagen.

Para uma boa distribuição de pesos, o motorista ficava sobre o eixo dianteiro, e o motor, sobre o traseiro.

Se levarmos em conta que o automóvel não apresentou problemas durante as batalhas, o conjunto realmente tem um grande histórico de confiabilidade. Como houve a inversão de movimento na roda, a montagem da coroa do diferencial precisava ser do lado inverso ao que se verificava no Volkswagen Sedan, localizada na direita, tendo como ponto de vista o carro visto de trás. Anos depois, essa construção levaria a um fato curioso e divertido: quarenta Kombis foram fabricadas no Brasil com quatro marchas para trás e uma para a frente, pois as coroas do diferencial foram montadas do lado errado, como se fosse o câmbio destinado ao Fusca e ao Karmann-Ghia. Durante alguns meses, a ordem era escrever com giz em todos os câmbios como a coroa tinha sido montada e em qual veículo cada câmbio devia ser aplicado. Depois de montado o conjunto mecânico, os funcionários giravam as rodas para testar o sistema, a fim de evitar refações no final do processo.

Esse tipo de erro também era comum nas oficinas, nas quais mecânicos distraídos descobriam que algo estava errado com o câmbio só depois de tê-lo montado. O piloto de Fórmula 1 Alex Dias Ribeiro, antes de entrar no mundo das corridas e das pistas, também passou por essa situação com um de seus primeiros clientes nos primórdios da oficina Camber, em Brasília. Por sorte, o problema foi notado assim que o utilitário saiu da garagem e encarado com bom humor após a lição ter sido aprendida.

Além da maior redução final proporcionada pela relação de 1,4:1, alterada mais tarde para 1,26:1 com a adoção da primeira marcha sincronizada, havia também um aumento de distância do solo — um dos destaques da Kombi se comparada às peruas com chassi de pickup. A suspensão dianteira seguia as linhas gerais do Volkswagen Sedan, mas era mais robusta e tinha algumas particularidades. Projetada para que a altura da rodagem combinasse com a da traseira, a Kombi tinha as duas barras de direção de igual comprimento, com concepção muito superior à do Fusca, mas sempre perdeu no quesito suspensão traseira. Tinha também a mesma arquitetura do tipo semieixo oscilante do sedã, que estava longe de ser a ideal e conferia o típico "andar de Carlitos" ao automóvel logo depois de ter sido levantado em elevadores de manutenção. Nessa situação, a cambagem ficava positiva ou negativa demais por algum tempo em razão do posicionamento temporário das rodas — aberto ou fechado demais, dependendo da carga carregada.

Nas ruas, os primeiros protótipos do furgão, chamados de Tipo 29, tinham a frente reta, uma solução mais simples em termos construtivos, mas que se revelaria ineficaz quanto à aerodinâmica e à estética. Durante os testes de aerodinâmica no túnel de vento da Universidade de Braunschweig, na Alemanha, o automóvel se mostrou instável e facilmente capotável pelo vento. A dianteira do veículo funcionava como uma parede que batia contra a massa de ar e se tornava praticamente um freio aerodinâmico, além de forçar demais o conjunto mecânico e provocar superaquecimento e consumo excessivo de combustível. Enfim, a luta contra o ar era o principal fator de risco e de quebra do automóvel. Para resolvê-lo, a dianteira incorporou então formas curvas e arredondadas, que reduziram a resistência ao ar em 40 por cento.

LANÇAMENTO

O primeiro utilitário da Volkswagen foi mostrado à imprensa sem que o veículo tivesse sido batizado; foi chamado de Tipo 2, já que era o segundo projeto civil da fábrica — o Tipo 1 era o Fusca. Os executivos da marca fizeram questão de deixar claro uma "vantagem" do utilitário recém-criado: o compartimento de bagagens e carga entre-eixos. Essa afirmação fazia supor que o peso estava igualmente distribuído entre a dianteira e a traseira, com o veículo carregado ou vazio. Na prática, porém, a estabilidade sempre melhorava com o carro carregado, mas mesmo assim, a Kombi manifestava a tendência de desgarrar de traseira, tanto que, durante anos, era comum ver o ajudante em cima do para-choque traseiro em lamaçais ou ruas de paralelepípedo molhado, conferindo maior aderência à tração.

Em teoria, o modelo carregaria tudo o que coubesse nas dimensões do veícu-

A origem

lo, com os eixos sempre livres da atuação direta da força da gravidade sobre o conjunto mecânico. Por esse motivo, a Kombi não ficaria com a direção pesada nem mesmo quando estivesse muito carregada, assim como nunca perderia tração, ao menos em teoria. Na prática, o veículo se aproximou muito de suas propostas, sendo mais eficiente em comparação com os outros carros de transporte da época, tanto que suas soluções são válidas até hoje.

Em fevereiro de 1950, a primeira fornada finalmente deixou a linha de produção com o nome Volkswagen Transporter estampado na carroceria, adotado oficialmente apenas quarenta anos depois, em 1990. No início, os Transporters eram os modelos Kastenwagen, um furgão com três janelas laterais e bancos removíveis, e Microbus, com três janelas e bancos fixos. O nome que conhecemos, Kombi, é uma abreviação do termo original *Kombinationsfahrzeug*, que em alemão significa "veículo de usos combinados", ou a combinação do espaço para carga e passeio.

Samba Bus, no Salão do Automóvel de Frankfurt de 1951.

Embora o veículo fosse sempre o mesmo, ele recebia nomes diferentes de acordo com o país onde fosse produzido, como Rugbrød na Dinamarca, Barndoor nos Estados Unidos, Junakeula na Finlândia, Bulli na Alemanha e Papuga na Polônia. No Brasil, a denominação oficial sempre foi e continua sendo Kombi, mas o povo brasileiro criou apelidos: Kombosa e Perua são os mais usados, mas com certeza o mais criativo é "pão de forma", por causa do seu formato retangular. O design do veículo era no mínimo estranho e destacava-se na paisagem. É possível dizer que a Kombi foi precursora da onda dos "monovolumes" e dos "round squares" muito antes de ela acontecer.

A KOMBI NO MUNDO

Um mercado carente por um veículo de cargas barato, especialmente porque a Europa do pós-guerra ainda estava se reconstruindo, fez com que a Kombi chegasse às concessionárias com altíssimo índice de aceitação. Os planos de produção previam uma demanda de sessenta veículos a cada dia, mas as filas começaram a crescer, e isso trouxe a prática do ágio.

Uma vez que a procura era grande e o veículo passou a ser lucro imediato, o fabricante começou a oferecer uma gama maior de carrocerias e formatações. Ao todo, eram noventa configurações, dos conhecidos micro-ônibus (minibus), furgão e pickup até modelos especiais para transportadores de bebidas, serviço público, modelos de camping, trailers de negócios com balcão e até furgões refrigerados. Se o corpo era modificado, a essência continuava a mesma base do Volkswagen. Com um conjunto mecânico simples, eficiente e com custo baixíssimo de manutenção, o fabricante passou a acatar todas as demandas dos concessionários, atendendo assim um número cada vez maior de profissionais que precisavam de um veículo comercial barato e fácil de manter.

A necessidade da época de veículos pequenos é hoje relembrada na cidade de São Paulo, cujas leis severas quanto à circulação de grandes utilitários de carga permitem apenas o trânsito livre de veículos urbanos de carga (VUC), ou seja, pequenos automóveis de transporte com até 5m de comprimento. Essa situação mostra que, mesmo com a passagem do tempo, os motivos para a fabricação da Kombi ainda existem. Tanto que surgiram, no mundo todo, uma infinidade de concorrentes, mas a Kombi Volkswagen tem um público fiel e sempre figura entre os carros mais vendidos.

Voltando aos anos 1950, o monovolume possuía dois faróis ovais em montagem

A origem 15

horizontal, semelhantes aos do Volkswagen Sedan na dianteira, um grande escudo Volkswagen e vidros planos que compunham um para-brisa bipartido. Sem vidro traseiro, o que dificultava, e muito, as manobras, era fechado por chapas, com outro escudo Volkswagen em alto-relevo na chapa e pequenas lanternas traseiras.

Como a legislação não exigia a presença de para-choques, considerados supérfluos pelos idealizadores da Kombi, o primeiro modelo não os possuía. Na coluna central, ficavam as portas dianteiras e os indicadores de direção, que eram hastes embutidas na coluna que, ao serem acionadas, levantavam em um ângulo de 90 graus e emitiam a cor âmbar. Apelidadas no Brasil de "bananinhas", tinham a função de sinalizar as mudanças de direção. Como a visibilidade desse sistema era bastante difícil, os motoristas se habituaram a simplesmente não sinalizar nas curvas, o que levou os departamentos de trânsito a sugerirem a sinalização com o braço esquerdo (para cima, virar à direita; na horizontal, virar à esquerda; e para baixo, parar o veículo). As bananinhas foram o sistema precursor das luzes indicadoras de direção, mais conhecidas como pisca-pisca.

O interior do veículo era marcado pela simplicidade, e a posição do volante de três raios era bastante incômoda, quase na horizontal, como em um ônibus. Abaixo dele, ficava um único mostrador redondo com hodômetro (instrumento que marca os quilômetros que o automóvel percorreu) e o velocímetro, com graduação até os 100 km/h. Fazer com que o ponteiro chegasse a essa velocidade era uma tarefa quase impossível e resultou na piada de que nenhum velocímetro de Kombi conhecia a casa dos três dígitos.

Pela carência das empresas por veículos de carga ágeis e baratos, o sucesso da Kombi foi imediato.

A posição quase na horizontal do volante de três raios era incômoda. O painel era simples.

teoria, isso podia facilitar a medição, mas o responsável pela medição ainda precisava levar em conta a inclinação do automóvel para fazer a média real do combustível armazenado. A reserva do tanque acontecia por intermédio de uma pequena chave, semelhante à chave dos tanques de motocicletas: depois que o combustível acabava, ao se virar a chave havia ainda mais cinco litros armazenados para levar o automóvel até o armazém mais próximo (a gasolina era vendida também em armazéns e lojas, principalmente no interior).

Em 1952, uma nova versão foi lançada no mercado: a pickup. Além de a

A popularização da Kombi ocorreu quando se eliminou tudo o que pudesse ser considerado supérfluo, por isso alguns elementos, como o marcador de combustível, simplesmente foram tirados do painel e oferecidos como opcionais; de série só para a ambulância. Nos modelos Standard — no Brasil, conhecidos como pelados —, a medição do combustível é um tanto trabalhosa e intuitiva; o método mais comum era colocar uma vareta de madeira no bocal do tanque; quando retirada, observava-se o nível do combustível e avaliava-se se seria suficiente para percorrer a distância desejada.

Com o tempo, a fábrica passou a oferecer uma régua com graduação em litros; na

A origem

carroceria aberta proporcionar maior área de carga e mais facilidade de acesso, havia também um compartimento fechado entre a caçamba e o piso inferior, que fazia o papel de porta-malas. O espaço costumava ser usado para volumes menores e malas e foi uma solução criativa, pois até hoje o transporte de malas e bagagens pequenas em pickups é um problema. Nesse porta-malas, elas ficavam protegidas da poeira, da água e de possíveis furtos. O motor era o mesmo para todos os tipos de carroceria, com 1.131 cm^3, potência de 25 cv em altíssimas 3.300 rpm e taxa de compressão de 5,8:1. A bateria de 6 volts

ficava dentro do compartimento do motor e os pneus eram diagonais e vinham na medida 5,50 – 16 (5,5 R16).

Em 1953, o furgão foi melhorado com a incorporação do vidro vigia e dos para-choques traseiros aos itens de série. Também foi lançada a versão chamada 23 janelas, que fez muito sucesso no mundo inteiro e foi considerada uma das mais belas Kombis já fabricadas. O veículo de 4,28 m de comprimento e 1.060 kg ficava mais fácil de ser manobrado graças à sua boa visibilidade. Dependendo do mercado, também era apresentada como opção uma versão de 21 janelas.

Nos Estados Unidos, o modelo 23 janelas com teto solar de lona e para-brisas

Além da caçamba, a versão pickup possuía um exclusivo porta-malas, onde a bagagem ficava protegida de água, poeira e eventuais furtos.

Samba Bus, com 23 janelas e um enorme teto solar.

escamoteáveis ganhou o nome de Samba Bus, que se tornou o modelo mais cultuado e cobiçado do Volkswagen Bus (como a Kombi de passeio é chamada nos Estados Unidos). A origem da nomenclatura "Samba", ao contrário do que todos imaginam, não tem nada a ver com o samba brasileiro e sim com uma espécie alegre e divertida de música da Alemanha, a Ramba Samba, parecida com a rumba e outros ritmos caribenhos. Logo se tornou uma gíria para designar coisas alegres e divertidas, e o modelo diferenciado e mais bem-acabado recebeu o nome de Samba Bus tendo em vista essa conotação. Era basicamente um veículo de passeio, para momentos de lazer, e não para ser utilizado no trabalho. Hoje, muitas Kombis comuns são convertidas nesses modelos cheios de janelas e com enorme teto solar. Essa mesma versão era chamada na Europa de Station Car De Luxe, Bus De Luxe ou Van Samba, de acordo com o mercado em que era comercializada.

As versões mais completas ofereciam, como opcional, um enorme teto solar que permitia a abertura da área do salão, o espaço entre a cabine e o motor, ou seja, onde ficam os dois bancos traseiros. O nome aqui adotado veio da maneira como os norte-americanos chamam o equipamento, sun roof. Em outros países de língua inglesa, o opcional era conhecido como bay window.

Por causa da mão inglesa, os projetos australianos e africanos eram feitos em conjunto; nos dois continentes os veículos receberam com a abertura do teto outra abertura que ficou mundialmente famosa: o para-brisa escamoteável com abertura frontal. Esse tipo de janela dianteira foi apelidada de safari window (janela safári). O projeto foi concebido para possibilitar maior entrada de ar nas regiões de climas quentes, proporcionando maior ventilação interna. Como esses veículos foram muito usados no Parque Nacional do Quênia, onde turistas faziam passeios de caça, os safáris, a abertura ganhou esse nome.

Para-brisas basculante safári window.

A origem

Relatos de época afirmam que as armas eram posicionadas no vão do para-brisa para abater os animais — naquela época não se pensava em preservação ecológica!

Com o tempo, foram adicionados mais um vidro na lateral, acima do compartimento do motor, e outro no contorno da coluna traseira, melhorando a visibilidade em manobras e mudanças de faixas e diminuindo os pontos cegos do motorista. Sobre a capota, foram colocados oito pequenos vidros retangulares e um enorme teto solar de lona, que começava logo após a parte dianteira da cabine e ia praticamente até o porta-malas, sobre o motor. Outra novidade que fez sucesso foi a pintura em dois tons na carroceria.

Uma variação na configuração dos bancos possibilitava o transporte de sete, oito ou nove ocupantes com relativo conforto. Em março de 1953, o motor tornou-se mais potente e passou a ter 1.192 cm^3 (77 mm x 64 mm) e 30 cv a 3.400 rpm, e ficou popularmente conhecido como o 1.200. A caixa de mudanças, também conhecida como câmbio, recebia segunda, terceira e quarta marchas sincronizadas — e era um alívio para motoristas

Cabine dupla, uma solução para cargas e passageiros.

e passageiros —, o que elevava a velocidade final para exorbitantes e assustadores 90 km/h, pelo menos para os padrões do simpático veículo. Com a ideia de melhorar a estabilidade, o veículo ganhou pneus mais largos e mais baixos, com medida 6,40 – 15, ou seja, as rodas passaram a ter o mesmo aro 15 do Fusca.

Em 1954, a produção alcançou a marca comemorativa de 100.000 Kombis fabricadas, um sucesso gigantesco naqueles tempos. A ocasião não podia passar em branco e foi comemorada com a incorporação de algumas novidades na carroceria da adorada perua. Na parte dianteira, o teto foi alongado para a frente, como um boné sobre o para-brisa, e nele havia uma útil entrada de ar para a cabine. Na traseira, o acesso das bagagens foi facilitado e uma entrada dava acesso ao motor.

O bocal de abastecimento passou da lateral do motor para a lateral direita do veículo, aumentando a sua segurança. Eram comuns os relatos de abastecimentos desastrosos, nos quais a gasolina vazava para cima do sistema elétrico e provocava um incêndio após o motorista ligar o veículo. O estepe foi deslocado para dentro da cabine, entre o primeiro banco e uma parede divisória. Nos primeiros modelos, ele ficava dentro do compartimento do motor, do lado direito, e, desde 1950, acima do motor (configuração que voltaria ao Brasil nos anos 1990). Em 1953, também surgiu a versão pickup de cabine dupla, que seguia a configuração de portas inspirada na sua irmã de carroceria fechada. Nela, os ocupantes do banco traseiro só podiam entrar pelo lado direito, uma vez que o veículo possuía apenas três portas.

Em 1959, a caixa de câmbio com quatro marchas se tornava totalmente sincronizada, aliviando o pé esquerdo dos motoristas, que não precisavam acionar duplamente a embreagem, e a mão direita, que não tremia mais a cada nova arranhada. Em 1960, a Kombi ganhou um teto mais elevado e, dois anos depois, atingiu a marca de 1 milhão de unidades fabricadas. No mesmo ano, a Volkswagen atendeu aos pedidos da clientela e ampliou novamente o motor, que ficou com 1.493 cm³ (83 mm

Em 1962, comemorou-se a produção de 1 milhão de Kombis.

A origem

x 69 mm), potência de 42 cv a 4.000 rpm e taxa de compressão de 7,1:1. Esse motor, conhecido como 1.500, atingia 105 km/h de velocidade máxima e ficou famoso no Brasil. A capacidade do tanque era de 45 litros de gasolina.

A medida dos pneus ficou em 7,00 – aro 14, mas não foi adotada no Brasil. Por aqui, a Kombi nunca veio com rodas menores. Os para-choques ficaram maiores, mais encorpados e mais fortes. Nessa época, todos os modelos da Kombi passaram a ter marcador de combustível e pequenas luzes de direção. Como opcional, o sistema elétrico podia ser de 12 volts.

Em 1964, mais uma versão passou a ser oferecida: o Furgão com porta corrediça em ambos os lados, o que facilitava muito a entrada de bagagens. Esse modelo infelizmente também nunca chegou ao Brasil. Ele era bom também para países com mão de trânsito invertida, como Inglaterra, Japão e Austrália. O para-brisa do tipo safári passou a ser amplamente usado na Europa ao virar item de série, mas, como muitos outros dispositivos, nunca foi oferecido no Brasil.

Em 1967, a Kombi entrou em sua segunda geração após a produção de 1,9 milhão de unidades. Recebeu então uma carroceria nova e mais moderna, um para-choque bem maior, constituído de uma única peça que ocupava toda a frente e melhorava a visibilidade, em vez do tradicional split bipartido. No Brasil, essa

frente demorou onze anos para chegar e foi denominada de Clipper.

O vidro da traseira também aumentou, com a supressão daqueles que ficavam no entorno da última coluna. A entrada de ar para o motor ficava agora atrás da última janela; também havia outra entrada de ar na frente, logo acima dos faróis, para a ventilação da cabine. A nova lateral, que só chegaria ao Brasil nos anos 1990, tinha apcnas três janelas grandes e uma porta corrediça para a entrada de carga e possibilitar o acesso dos passageiros

O furgão com porta de correr proporcionava grande facilidade de acesso.

Modelo Clipper, da segunda geração alemã.

antiquadas. A fábrica recomendava que o veículo fosse dirigido sempre com delicadeza e atenção.

A concorrência da Kombi surgiu na Inglaterra em 1953: o Ford Transit. O veículo de cargas inglês também oferecia diversas configurações de carroceria; mas o interessante e marcante era a porta do motorista corrediça, pois isso permitia o uso do veículo em movimento com a porta aberta. Enquanto a Kombi reinava praticamente absoluta em território europeu, nos Estados Unidos havia diversos furgões dos três grandes fabricantes locais (GM, Ford e Chrysler). Os veículos ofereciam maior desempenho, maior segurança e mais conforto do que a Kombi; o comprimento também variava entre 5,30 m e 7,45 m, bem ao gosto local.

Além disso, a Kombi enfrentou diversos problemas com os mecânicos americanos, acostumados a ter muito espaço para trabalhar. O veículo Volkswagen tinha um funcionamento totalmente fora do comum, principalmente se comparado aos V8 que equipavam a concorrência. Assim, a mão de obra disposta a trabalhar nos Volkswagen foi diminuindo e se especializando, o que elevou o custo de sua manutenção. Estabelecendo um paralelo com o Brasil da mesma época, onde a recusa inicial era a mesma, vemos que a popularização da marca alemã ocorreu rapidamente aqui, tornando a sua manutenção e o mercado de reposição grande

aos bancos de trás. Essa porta aposentava as duas antigas, de abertura convencional e com dobradiças externas salientes.

Apesar do grande número de modificações, o utilitário continuou a apresentar um nível alto de ruído interno, por causa do motor refrigerado a ar e da quase ausência de material acústico ou fonoabsorvente. Oferecia conforto mediano e segurança ativa e passiva preocupantes, pois eram consideradas baixas e muito

TAUNUS TRANSIT

Ford Taunus Transit, um concorrente da Ford inglesa.

e de preços acessíveis, o que a tornou imbatível até hoje.

A Kombi também ganhou mercados em razão do seu carisma. Em diversos países, ela ganhou apelidos, assim como aconteceu com seu irmão, o Fusca. Enquanto o pequeno popular era associado quase sempre a animais (beetle, cocinel, sapo, carocha, escaravelho), a Kombi recebeu nomes como Hector (Canadá), Klaippari (Finlândia) e Hipisowka (Polônia), mas, sem sombra de dúvida, o mais curioso de todos foi o apelido que recebeu dos norte-americanos e ingleses — Breadloaf —, cuja tradução também ficou bastante popular no Brasil (pão de forma) graças ao formato do carro. Em São Paulo também era muito chamada de Perua, que foi durante anos como os paulistanos designavam os carros familiares com boa capacidade de carga (Kombi, Rural, Veraneio, Caravan).

Se os apelidos eram a prova de que o carro já havia conquistado o seu público, chegava a hora de o modelo fabricado na Alemanha receber um novo coração: a Kombi 1972 estreia com um motor mais potente, chamado de 1.7, na verdade, eram 1.679 cm³ (88 mm x 69 mm). A alimentação se fazia graças a um carburador Solex de corpo duplo. No Brasil, esse motor só equipou o SP2, um parente distante da Kombi.

Em apenas três anos — em 1975 —, a Kombi alemã recebeu o primeiro grande sinal dos tempos modernos: a injeção eletrônica. Nos anos 1970, esse dispositivo ainda não era regulado automaticamente e o dispositivo criado pelos alemães alimentava demais o motor. Então, a saída encontrada foi aumentar o apetite do motor, criando assim o 1.8 (1.795 cm³ — 91 mm x 69 mm). Dessa forma, a Kombi tinha fôlego de automóvel de passeio mesmo quando carregada. Esse novo motor nunca equipou a versão nacional, porém foi utilizado no Brasil como "kit de preparação", pois, nos anos 1970 e 1980, a febre era equipar os Pumas GT, um pequeno fora de série brasileiro fabricado entre 1969 e 1984, de modo a aumentar a cilindrada de 1.6 para 1.8.

O aspecto mecânico não foi a única mudança que a Kombi sofreu. Podemos dizer que a distinta perua sempre foi fã das plásticas e, por isso, diversas mudanças foram realizadas em seu corpo — mas sem que jamais perdesse a identidade. A carroceria chamada Westfalia, feita por um encarroçador independente que prestava serviços à Volkswagen, ganhou uma versão com teto alto, aliás bem mais alto (12 cm). Com o novo "pé-direito" alto, esse modelo passou a ser o preferido dos campistas; transformou-se rapidamente em uma versão minimalista de casa de campo. Não demorou e a empresa adaptou uma barraca retrátil nesse teto alto e assim criou uma versão especialmente para os campistas. A versão mais antiga — sem a barraca — continuou sendo fabricada e, atendendo ao pedido de seus proprietários, o estepe passou do lado interno do veículo para o lado externo. Foi, então,

Kombi Westfalia, a preferida dos campistas.

A origem

parar na parte da frente, entre os faróis, o que dava ao veículo um aspecto diferente e até engraçado, pois parecia ter ganhado um "nariz de palhaço" — principalmente quando o estepe recebia capas coloridas.

Um desses veículos ganhou o mundo dos desenhos animados nos anos 1970 — a Hanna-Barbera estreou a série de animação Scooby-Doo usando uma Kombi na configuração Wesfalia e com o estepe na frente. As personagens foram inspiradas em adolescentes da época, tanto nas roupas como no jeito de agir. Para completar o clima *nonsense*, um pastor dinamarquês (o Scooby-Doo) ajudava o grupo a resolver casos misteriosos e, timidamente, enfrentava monstros que eram sempre pessoas de má índole assustando moradores locais para aplicar um golpe.

No desenho animado, a Kombi recebeu uma pintura psicodélica em tons de azul e amarelo e foi chamada de Máquina Mistério. Infelizmente, em 2002, ela foi substituída por um veículo Ford (um Econoline). Alguns fãs norte-americanos do desenho animado reproduziram o veículo em outro modelo, o Falcon Van, mas quase sempre a explicação é a mesma: "Queria uma Kombi, mas é muito cara e rara aqui nos Estados Unidos".

CIRURGIA PLÁSTICA

Em 1979, eis que a Kombi recebeu seu primeiro grande *face lifti:* novas linhas, mais retas e modernas, deram outra cara ao monovolume. Além de um novo rostinho, o modelo ganhou em segurança. Pela primeira vez, a dianteira recebeu a zona de deformação — quando o projeto leva em conta uma possível colisão dianteira, a lataria é projetada para deformar e assim absorver o impacto, o que ajuda a minimizar o choque com o corpo de seus ocupantes e, consequentemente, evita ossos quebrados, hematomas e hemorragias.

Tanto na dianteira quanto na traseira, foram instaladas barras antitorção, que ao mesmo tempo impediam o deslocamento demasiado da carroceria em curvas e também serviam como barras de proteção da cabine. Hoje, a prática é comum na porta dos carros, evitando que impactos laterais atinjam facilmente os ocupantes do veículo. Na Kombi, as barras tinham a pretensão de impedir as colisões na cabine, que sempre foi a parte mais sensível do projeto e estaria sempre ocupada enquanto o veículo estivesse transitando.

Esse novo modelo recebeu o nome de Volkswagen Transporter; era a representação de um novo início para a Kombi, por isso, adotou-se a primeira denominação do veículo (anterior aos anos 1950). Em 1980, chegou ao mercado a versão luxo desse mesmo

As gerações da Kombi na Alemanha.

Volkswagen Vanagon, com motor 1.8 refrigerado a água e 90 cv.

Clássicos do Brasil

veículo, que foi denominada de Volkswagen Caravelle. A diferença ficava na opção de cores e na combinação entre duas cores, formando o conjunto "saia e blusa". Além disso, calotas cromadas, frisos e um novo acabamento com materiais mais nobres tanto na cabine quanto no "miolo" do automóvel o tornavam mais silencioso e confortável.

O mercado norte-americano recebeu uma versão exclusiva do Caravelle. Para atender às novas leis ambientais da Califórnia, o novo motor era refrigerado a água, a dianteira recebeu um radiador e o sistema de escape ganhou catalisadores. O motivo da mudança foi o fato de o tradicional boxer refrigerado a ar não passar nos níveis impostos pelo estado norte-americano. Para acompanhar o novo motor, outras mudanças foram feitas: os para-choques passaram a absorver impacto e foram substituídos por um novo material plástico, mais fino e leve. Foram inseridos também "apliques de luxo", como emblemas pequenos e frisos novos e bancos de curvim. Com isso, o veículo recebeu o nome de Vanagon, que representa a junção das palavras "van" e "wagon".

Com cilindrada de 1.781 cm³ (81 mm x 86,4 mm), apresentava uma variação de potência entre 60 cv com gasolina comum, 78 cv e 90 cv com gasolina super. O tanque tinha capacidade para 60 litros e a velocidade final variava, conforme a potência, de 125 km/h a 155 km/h. Nesse momento, a Kombi começou a se diferenciar ainda mais do Fusca, de quem sempre usou muitos componentes mecânicos e estéticos.

O veículo possuía molas helicoidais tanto na traseira, que tinha rodas independentes e braços semiarrastados, quanto na dianteira, cuja suspensão tinha também triângulos duplos. A caixa de câmbio podia apresentar cinco marchas ou ser automática com três marchas, a direção tinha assistência e os freios eram a disco na frente e a tambor atrás.

A origem

Esteticamente, a Kombi deixou de ser um monovolume arcaico, ficando mais atraente e bem equipada, o que lhe deu alguns quilos a mais: passou a pesar 1.410 kg, dependendo dos equipamentos e da quantidade de bancos. Também existiam os modelos pickup, com cabine dupla e furgão. Em 1985, foi lançada a versão 4x4 Syncro, desenvolvida pela empresa austríaca Steyr-Puch, um antigo fabricante de automóveis e armas de fogo, que nos primórdios pertenceu ao grupo Daimler-Benz. No que diz respeito à mecânica, havia a possibilidade de a Kombi receber o motor turbodiesel de 1.588 cm^3 (76,5 mm x 86,4 mm) e 70 cv, com injeção mecânica direta, ou o movido a gasolina de 2.106 cm^3 (85 mm x 92,8 mm) e 112 cv, com injeção eletrônica instalada em um coletor de admissão.

Em 1992, os nomes Caravelle e Transporter continuaram existindo, mas uma nova transformação faz com que muito pouco do projeto original permanecesse. O formato monovolume "pão de forma" foi substituído pelo tradicional formato de outros furgões, com uma leve saliência dianteira para acomodar o motor. Assim, finalmente, a traseira do veículo podia receber portas que fossem do teto ao assoalho, otimizando o espaço de carga. Houve uma versão espartana chamada de Eurovan, destinada ao uso profissional, mas, se comparada com a Kombi nacional da mesma época, era um carro de luxo. De olho nesse comparativo e aproveitando a liberação das importações de veículos, a Volkswagen do Brasil trouxe a Eurovam para cá. No entanto, outra comparação — desta vez de mercado — foi inevitável: o preço.

O valor, muito acima do aplicado na Kombi, não permitiu que a Eurovan conquistasse espaço no mercado brasileiro, assim, os carros encalharam nas concessionárias e a importação foi brecada. Restou aos grandes revendedores da época amargar o espaço ocupado pelos veículos que demoravam a sair do show room e do estoque.

Recentemente, em 2011, a Volkswagen apresentou no Salão de Genebra, na Suíça, a Bulli, uma versão concept car da New Kombi que provavelmente entrará em produção, com uma versão 100 por cento elétrica.

Vanagon, luxo e conforto.

Bulli, a nova Kombi, apresentada no Salão do Automóvel de Genebra de 2011.

CAPÍTULO 2

A CHEGADA AO BRASIL

UMA SÉRIE DE INÍCIOS

Acredite se quiser, mas, ao contrário do mito popular, o primeiro Volkswagen brasileiro não foi o modelo Sedan (Fusca), mas sim a Kombi! Em junho de 1957, a produção foi iniciada na fábrica de São Bernardo do Campo (SP).

O governo da época incentivou a nacionalização da frota e principalmente dos veículos comerciais, por isso, os fabricantes investiram em modelos que pudessem ser usados tanto para trabalho quanto pelas famílias, pois, no início da nossa indústria automotiva, os utilitários eram a bola da vez. Em novembro de 1956, a Vemag chegou com a Vemaguete (a perua da DKW); em novembro de 1957, a Volkswagen iniciou a produção da Kombi; em 1959 a Willys deu o pontapé com a Rural; e a Ford e a Chevrolet começaram sua produção pelos caminhões e pickups.

A Kombi significou a representação de diversos inícios. Primeiro, o começo do veículo há mais tempo em produção no Brasil; segundo, o início da fábrica que até hoje é a principal planta da Volkswagen nacional; e terceiro, o início da superpopulação do ABC paulista (Santo André, São Bernardo do Campo e São Caetano). Os operários da Volkswagen começaram a se mudar para as imediações da fábrica e isso fez com que a cidade se expandisse. Com o volume de veículos crescendo e a marca tornando-se a principal do país, mais força de trabalho chegou, e as cidades em volta ganharam população, incluindo Diadema e Mauá, que se transformaram de ambien-

Primeira Kombi fabricada no Brasil, em 1957.

A chegada ao Brasil

A Kombi foi o veículo número 50.000 produzido pela Volkswagen do Brasil.

tes rurais para cidades de grande proporção demográfica em pouquíssimo tempo.

O entorno da fábrica mudou radicalmente em pouco mais de meio século, mas a linha de montagem da Kombi se modernizou sem muitas alterações. O veículo continua líder em seu segmento; o principal motivo é o preço, muito abaixo dos seus concorrentes. Outro fator é a facilidade mecânica que ela oferece: graças ao grande número de vendas, os mecânicos se acostumaram a mexer nela e a consertá-la, e o mercado de reposição investiu na Kombi, o que a tornou um carro fácil e barato de arrumar, um prato cheio para quem depende do automóvel para trabalhar.

Outra característica típica de nossa indústria é o grande número de modelos antigos do exterior que são reaproveitados em nosso país. Por esse motivo, a cronologia das Kombis do restante do mundo é bem diferente da que ocorreu no Brasil, onde os avanços tecnológicos e estéticos sempre demoraram muito mais para chegar.

Há quem diga que nada é perfeito e nem é para ser, e a Kombi se inclui nessa regra poética. Algumas falhas de projeto persistiram durante anos. Algumas eram detalhes que os próprios donos dos carros consertavam; entre eles, o mais famoso era o trinco central da porta dupla. A torção da carroceria fazia com que a porta se abrisse, principalmente em curvas para a esquerda e pisos irregulares. O fabricante tinha o argumento perfeito — o erro não é do carro e sim dos pisos. Os proprietários do veículo passaram a usar um método bastante eficaz para fechar de forma melhor o trinco da porta: usavam o joelho como alavanca e assim encostavam mais a porta, causando um leve afundamento central, que na volta fazia a lingueta do trinco ir além do previsto, com isso, a porta se trancava totalmente.

Outro defeito de fábrica eram os métodos de tomada de ar. Como a frente é a própria cabine, a área de ventilação vem diretamente ao painel; em caso de chuva, os pingos insistem em entrar e muitas vezes atingem o rosto do motorista. Isso ocorria nos modelos Clipper, fabricados entre 1976 e 1992; a situação mudou a partir da adoção da nova grade de entrada que passou a ser aletada de baixo para cima e feita em material plástico, substituindo a antiga "grelha de churrasqueira" (o apelido da grade anterior).

Outras falhas de projeto, no entanto, eram gravíssimas, como a mangueira da gasolina que passava por cima do distribuidor e que predispunha o modelo a incêndios frequentes, considerados por alguns como falta de manutenção adequada. Essa falha perigosíssima se perpetuou por cinquenta anos e só foi corrigida em 2006.

A robustez do projeto e as regras de mercado — lei da oferta e procura — não deram à Kombi adversários que desbancassem seu domínio no segmento. A onda do mercado atual são as minivans, que são veículos menores e mais confortáveis, e também as vans, que são maiores e melhores de viajar do que as Kombis. Esse meio-termo tem sido benéfico para a Volkswagen que encontrou seu filão entre os que precisam de espaço, mas não têm dinheiro. Por isso, o projeto ainda continua em produção.

Para atender às novas leis, ela ganhou catalisador em 1994, retrovisor do lado direito e encostos de cabeça em 2000, o motor boxer refrigerado a ar foi substituído pelo de refrigeração líquida em 2006. Atualmente, a engenharia da fábrica tem se esforçado para atender às normas que entram em vigor em 2014 —uso obrigatório de freios ABS e airbag. Os protótipos já estão na pista de testes com o ABS, mas ainda não encontraram solução para a instalação de airbag.

A informação mais recente (setembro de 2011) é que o projeto corre o risco de ser interrompido no final de 2013; a

A chegada ao Brasil

Volkswagen cogita a substituição do veículo diante da dificuldade técnica. O fato rendeu uma nota na revista *Quatro Rodas* de setembro de 2011.

LIDERANÇA

A década de 1960 começou muito bem para a Kombi. O utilitário e seu irmão Fusca levaram a Volkswagen à liderança de produção, garantindo assim

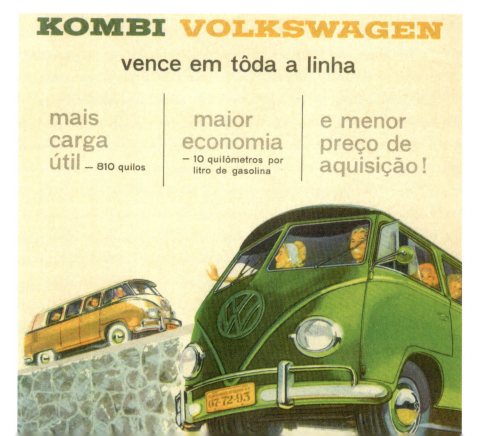

As propagandas ressaltavam as qualidades do produto: capacidade de carga, economia e preço.

um horizonte promissor — por ano, a média de produção ficou em 22.000 unidades, um recorde para a época. Para garantir a permanência da marca entre as preferidas do consumidor, a Volkswagen impôs um rigoroso sistema de controle de qualidade em seus fornecedores. Isso proporcionou a produção de peças com maior precisão e, consequentemente, aprimorou as indústrias paralelas de autopeças. Em 1961, o índice de nacionalização era de 95 por cento, despertando a confiança da matriz alemã para delegar a chegada de outros veículos da marca. Vale lembrar que, naquela época, os processos produtivos eram mais lentos, por isso, os outros modelos demoravam a chegar.

Em 1962, enquanto eram desenvolvidos os modelos nacionais da Volkswagen, a fábrica alemã trouxe ao Brasil a Karmann-Ghia, sua parceira germânica. Também em São Bernardo do Campo, mas em outra fábrica (independente), o encarroçador começava a mostrar ao mercado seu pequeno e elegante esportivo: o Volkswagen Karmann-Ghia. Naquele início, o carro ainda tinha o motor 1.200 e o sistema elétrico de 6 volts (igual aos Fuscas e às Kombis da época), por isso, a esportividade ficava muito mais na aparência.

O pequeno coupé era um quatro-lugares 2+2, ou seja, dois adultos e duas crianças, com desenho arrojado e um certo requinte (mesmo para os dias atuais); por isso, foi apelidado de "Fusca com roupa de gala". Podemos dizer que essa roupagem era obra de verdadeiros alfaiates, pois o veículo era estampado em uma prensa e depois todo rebatido à mão em um molde que lhe conferia o formato sinuoso e sem emendas. Por esse motivo, é possível afirmar que o Karmann-Ghia é um dos raríssimos nacionais feito à mão dentro de uma fábrica.

Esse fato foi devidamente explorado pelas propagandas da época. Claro, a divulgação não explicava que por esse motivo as portas do Karmann-Ghia nunca se alinhavam perfeitamente, mas para os admiradores dos modelos isso não era defeito e sim característica.

Em 1967, surgem dois novos motores na Volkswagen, que aposentaram de vez o cansado 1.200. Para os Fuscas, chegou o 1.300, com potência de 42 cv; e para os Karmann-Ghias e as Kombis, o 1.500, cuja potência de 52 cv deu um novo comportamento ao utilitário que, em condições favoráveis, conseguia atingir 135 km/h de velocidade máxima. Os novos motores maiores e com melhor rendimento valeram à linha Volkswagen o apelido de "Tigrão", alcunha elaborada pelo departamento de Marketing da fábrica que "instalou" na traseira dos veículos "caudas de tigre" que se agitavam enquanto o som do motor era substituído por roncos de tigres!

A chegada ao Brasil

35

Em 1967, a Kombi Tigrão apresentava mais força com seu motor 1500 de 52 cv.

Conforme a década passava, a Volkswagen conquistava a liderança do mercado. Às vésperas de Natal de 1968, a fábrica lançou os novos modelos que estavam em projeto havia quase dez anos. Os novos carros, todos com motor 1.600, nasceram como modelos de 1969 e com a proposta de ser familiar.

Dos três modelos lançados, a perua Variant foi sucesso imediato, seguida de longe pelos irmãos TL, que tinha a proposta de ser o veículo familiar de maior conforto, e o sedã Volkswagen 1.600, que ganhou rapidamente o apelido de Zé do Caixão. As quatro portas com as maçanetas lembravam alças, daí o apelido inspirado no formato quadrado de cantos arredondados e também no personagem de José Mojica Marins.

CONSOLIDAÇÃO DA MARCA

O início dos anos 1970 consolidou a Volkswagen como líder do mercado, com ampla vantagem sobre seus adversários. A fábrica foi ampliada e ganhou o apelido de "cidade", tão grandes eram suas construções. Os líderes de produção eram o Fusca e a Kombi, seguidos pela Variant, pelo TL e pelo Karmann-Ghia. A exceção era o Volkswagen 1.600 Zé do Caixão. Em julho de 1970, a fábrica comemorou o milionésimo veículo produzido no Brasil.

Houve duas fases em 1970 para o modelo Fusca: no meio do ano, foram trocados para-choques, faróis, lanternas e para-lamas. O motor 1.300 continuou e entrou em produção o Fuscão, com propulsor 1.500; finalmente, o Fusca voltava a ter o mesmo motor da Kombi. Nesse ano, começaram os preparativos para as mudanças do Karmann-Ghia; e o departamento de Design da fábrica começou a preparar uma nova frente para os modelos da família 1.600 (Variant, TL e Zé do Caixão).

O departamento de Marketing fez um levantamento e começou a realizar os estudos para a importação de prensas da Kombi, para que fosse lançado no Brasil a nova cara do modelo. Os primeiros estudos revelaram que a Kombi podia permanecer com o desenho original; as pesquisas apontavam que os principais consumidores do modelo eram frotistas e empresários, para quem era mais importante a acomodação da carga e a facilidade mecânica do que a aparência. O sucesso da marca permitia arriscar outros caminhos. A Volkswagen já havia se consolidado com o segmento

Grande por dentro e pequena por fora.

A chegada ao Brasil

popular: havia conquistado as famílias grandes com a Variant, as famílias pequenas com o TL e os frotistas com a Kombi — os três eram líderes de mercado.

Em 1971, o Zé do Caixão saiu de linha; as vendas caíram tanto que os modelos do ano foram montados com as peças restantes de outubro do ano anterior. No ambiente popular, ninguém vendia mais que o Fusca e pequenos fabricantes nacionais começavam a ter sucesso no ramo dos esportivos, sendo o mais vendido deles o Puma, cujo conjunto mecânico era Volkswagen.

Em 1972, chegaram ao mercado os esportivos da Volkswagen — SP. O nome era uma homenagem à primeira cidade onde a Volkswagen se estabeleceu e montava os carros, ainda importados da Alemanha, a capital do estado de São Paulo. O carro chegou ao mercado com duas versões, o SP1 e o SP2, embora quase não houvesse diferença entre elas, pelo menos na aparência. O painel do SP2 era mais completo que o do SP1. Quanto ao motor, o SP1 tinha o 1.600, enquanto o SP2 tinha motor 1.700, que na Europa já havia equipado a Kombi.

Em 1973, outro projeto nacional chegou ao mercado, o Volkswagen Brasília, homenageando desta vez a capital do país. O novo veículo familiar da marca chegou com a missão de ser um automóvel que atendesse ao mesmo tempo as grandes famílias e também os jovens. O desenho seguia as tendências da época e foi considerado ousado. Logo de cara, a Brasília mostrou ser um sucesso de mercado. No primeiro ano de produção, atingiu o incrível número de 2 milhões de unidades produzidas e vendidas. A justificativa para o bom índice de vendas da Brasília? O seu motor, o 1.600 da Kombi! Surgiu, então, uma ideia na Volkswagen: lançar o Fusca com a mesma motorização.

Para o ano de 1974, o mercado conheceu um carro que ficou conhecido como Bizorrão ou SuperFuscão, o Fusca 1.600S. No interior, ele usava volante esportivo, mostradores adicionais no painel, bancos reclináveis; na aparência, as rodas da Brasília; e na traseira, o seu maior trunfo: o mesmo motor da Brasília, o 1.600.

A Volkswagen então apresentou, ainda em 1974, a sua maior e mais moderna novidade: o Volkswagen Passat. Pela primeira vez, um Volkswagen refrigerado a água era fabricado no Brasil, com tração dianteira e suspensão McPhearson. Em 1976, finalmente, a Kombi recebeu a cilindrada 1.600, junto com sua maior reestilização até então: o modelo Clipper.

Em 1978, o motor a ar ainda equiparia a Variant II, um modelo de perua maior que a Brasília e com suspensão independente McPhearson na dianteira, similar à do Passat. A marca de 5 milhões de veículos produzidos pela empresa e o sucesso dos oito carros ofertados ao mercado brasileiro fecham com chave de ouro a década de 1970.

VOCÊ AINDA VAI TER UM

Os automóveis Volkswagen reinavam absolutos em números de venda. Enquanto a GM e a Ford se revezavam no segundo lugar, a Fiat amargava a posição de lanterninha do mercado. A Brasília começou a apresentar cansaço e consequente queda de venda. Enquanto isso, o Fusca vendia bem, mas seu único atrativo era o baixo preço, pois o projeto estava defasado e a concorrência apresentava produtos melhores, tanto no que dizia respeito ao conforto como ao desempenho.

A Volkswagen se apressou para apresentar seu novo projeto, uma carroceria hatchback, com formas retas e inspirado no produto europeu de maior venda da marca, o Golf. No Brasil, o nome dado a ele foi Gol e, para remeter ao motor (boxer) usado, levou o sobrenome BX. O projeto do Gol BX rendeu uma série que iniciou um novo ciclo para a empresa. Mesmo sendo um projeto novo, no início, foi usado o motor dos Volkswagen 1.300 e 1.600, pela primeira vez instalado na dianteira do veículo com a tração nas rodas da frente.

Esse segundo motor era oferecido apenas para a opção movida a álcool. No mesmo ano, a Kombi também recebeu essa motorização; nas versões pickup a configuração oferecida apresentava dois tanques de combustível, ambos para álcool. A ideia era promover o utilitário para ser usado em fazendas, e, como o combustível proveniente da cana-de-açúcar tem uma autonomia menor, a solução era aumentar a capacidade de armazenamento, colocando mais um tanque na Kombi.

Ainda nos anos 1980, chegaram ao mercado novos modelos Volkswagen, o motor do Gol foi substituído por um projeto mais moderno e arrefecido a água, como no Passat (motor AP), e a marca lançou as variações de carroceria do Gol, a caminhonete Saveiro, a station Parati e o três-volumes Voyage.

Sobraram os motores a ar somente para o Fusca, que resistiria até 1986, e para a Kombi, que reinou absoluta e sem concorrentes durante a década de 1980.

NOVA CONFIGURAÇÃO

A década de 1990 foi um período de mudanças nos aspecto do automóvel nacional, pois novas leis começaram a entrar em vigor.

Em 1992, as novas leis de emissão de poluentes obrigaram a engenharia da Volkswagen a instalar catalisadores no sistema de exaustão

As versões da perua, sob a força da marca Volkswagen.

da Kombi, com isso, o escapamento passou a percorrer um caminho três vezes maior para a instalação dos componentes, o que provocou uma diminuição sensível no ruído característico dos motores a ar.

No ano seguinte, o Fusca voltou para a linha de produção, mas durou apenas até 1996, de maneira que a Kombi continuou sendo o único automóvel refrigerado a ar.

Visão lateral do porta-malas da Kombi furgão.

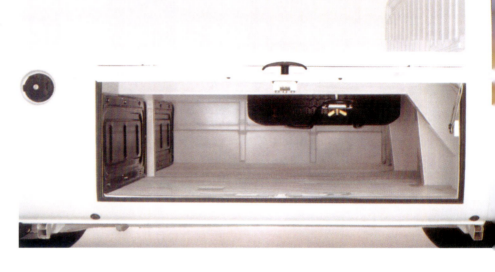

Motor Volkswagen com injeção de combustível.

Novas leis entram em vigor e, em 1998, o carburador saiu de cena para dar lugar à injeção eletrônica aos modelos nacionais. O sistema utilizado era o multiponto, que usava um bico para cada câmara de combustão. Essa mudança fez a Kombi ter um salto de potência — a versão a gasolina passou a contar com 58 cv enquanto os modelos a álcool marcaram a incrível soma de 67 cv. Nesse ano, outro número entrou para a história: a Volkswagen comemorou 15 milhões de unidades produzidas em São Bernardo do Campo.

Os recordes de venda e produção da Kombi mostraram que o automóvel estava em sua melhor forma. Desde a época em que era importada, a Kombi não conhecia concorrência e só tomou conhecimento de um rival à sua altura com a liberação das importações e a chegada da Kia Besta. Mesmo assim, ela continuava sendo a melhor nos quesitos pós-venda e reposição de peças. O projeto antiquado e baseado no original de 1947 ainda contemplava excesso de material e rigidez.

Em 2006, a Kombi ganhou uma modificação que é considerada um enorme divisor de águas: o abandono do motor boxer, a última herança do Fusca. Chegava o novo EA-111.

O novo coração da simpática perua passou a ser o mesmo que equipava os Polos de exportação. Com 1.4 litros e oito

A chegada ao Brasil

válvulas, o motor trouxe uma importante e significativa alteração: passou a ser bicombustível, de maneira que podia ser abastecido com álcool ou gasolina.

Com essa mudança, a Kombi até perdeu sua característica hereditária mais importante, mas, por outro lado, ganhou em potência e economia, duas soluções que os clientes cobravam do antigo automóvel utilitário. E mesmo com a adoção do novo conjunto mecânico, o automóvel continuava a ser a maneira mais barata de se transportar 1 ton de carga. Com a nova configuração, o veículo passou a ser conhecido como Kombi 1.4. Os mais conservadores torceram o nariz logo nas primeiras investidas, mas o carro mostrou-se mais confiável, potente e confortável, motivos de sobra para ganhar novamente a simpatia do público.

A união da simplicidade e da eficiência foi a melhor explicação para a sua liderança no mercado nacional por tantas semanas. A troca do motor arrefecido a ar para o de refrigeração líquida se mostrou bem-sucedida como aconteceu com o Gol.

Nenhum veículo oferece a relação custo-benefício da Kombi. "No segmento de utilitários, ela vende mais do que a soma dos seus sete principais concorrentes no mercado nacional", declarou Paulo Sérgio Kakinoff, diretor de Vendas e Marketing da Volkswagen, no lançamento da Kombi "a água".

Em resumo, a Kombi continuou absoluta em seu segmento, vendendo mais do que seus sete concorrentes juntos — veículos importados por marcas recém-chegadas ao Brasil, quase sempre provenientes do Oriente e com índices de pós-venda negativos.

Ainda hoje, a Kombi tem um bom mercado no Brasil e deverá ser produzida por mais alguns anos. Só sairá de produção se parar de vender bem — o que parece pouco provável — ou se não puder se adequar às novas normas de segurança veicular que vigorarão a partir de 2014.

Volkswagen, marca líder no Brasil.

CAPÍTULO 3

A EVOLUÇÃO DOS MODELOS

EVOLUÇÃO TUPINIQUIM

Pequenas variações sobre o mesmo tema – a Kombi mudou pouco em cinquenta anos.

Neste capítulo, relacionaremos as principais alterações ocorridas no modelo no decorrer de sua produção. O conceito básico do projeto original não mudou em mais de sessenta anos, sendo mais de cinquenta anos de produção ininterrupta no Brasil. As melhorias e os desenvolvimentos realizados no projeto, na maioria das vezes, buscavam maior segurança, ativa e passiva, e economia de combustível ou ainda procuravam adequar o veículo às leis de segurança ou de emissão de poluentes.

A evolução dos modelos

Assim, a eficiência do sistema de iluminação e sinalização com faróis, lanternas e piscas foi melhorando ao longo do tempo, e também o aumento da área de para-brisas e vigias traseiros. Foram incorporados ainda freios melhores com auxiliar a vácuo (servofreio) e depois eles foram equipados com discos nas rodas dianteiras; as rodas ficaram mais largas e receberam aros menores para melhorar a estabilidade; os pneus radiais foram desenvolvidos para suportar a carga e manter o veículo estável. O veículo recebeu ainda coluna de direção retrátil, zona de deformação na cabine e cintos de segurança, tudo para preservar a integridade do motorista.

Os motores boxer refrigerados a ar desenvolveram-se em cilindrada e potência: 1.200, 1.500 e 1.600 com carburadores simples, duplos e até com injeção eletrônica, movido a gasolina ou a álcool (hoje etanol). Existiu ainda uma versão a diesel, e depois o motor 1.4

Para transporte de pessoas ou cargas, a solução era a Volkswagen Kombi.

refrigerado a água, que equipa também o Volkswagen Fox e Volkswagen Polo Flex (gasolina ou etanol). A potência variou de míseros 36 cv do primeiro 1.200 até 80 cv do 1.4 a água quando abastecido com etanol!

Para a Kombi, um veículo genial, simples e eficiente, e na esteira de seu irmão o Volkswagen Sedan, o Fusca, podemos repetir o criativo e verdadeiro slogan da marca: "O bom-senso em automóvel!"

Discutir ou tentar enumerar as razões para o sucesso do modelo e sua longevidade seria tema para outro livro, pois assim como aconteceu com o Fusca, isso é quase inexplicável.

1950-1958 – RUMO À KOMBI BRASILEIRA

Em 1950, chegou ao porto de Santos as duas primeiras Kombis juntamente com dez Volkswagen Sedan (Fuscas). Tratava-se de um primeiro teste de aceitação dos modelos Volkswagen no mercado brasileiro, e os resultados foram fantásticos e imediatos. Com um preço estimado de CR$ 20.000,00 (vinte mil cruzeiros), o resultado foi surpreendente, pois a Brasmotor conseguiu vender cada veículo pelo extraordinário valor de 60.000 cruzeiros.

Em 1953, começou-se a montar a Kombi no Brasil, mas com todas as peças importadas (o chamado sistema CKD, ou completamente desmontado, do inglês "Completely Knocked Down"), num galpão do grupo Brasmotor, onde antes eram montados os veículos da marca Chrysler.

A Kombi começou a ser vendida aqui pelo grupo Brasmotor, representante da Chrysler e dono da Brastemp, e suas concessionárias Sabrico, que depois se tornaram um dos maiores revendedores Volkswagen do Brasil. Em 1953, a própria Volkswagen criou uma filial aqui.

Em setembro de 1957, teve início a produção da Kombi brasileira. Foi o primeiro modelo fabricado pela Volkswagen do Brasil nas linhas de produção em São Bernardo do Campo, no estado de São Paulo. A capacidade de produção era de oito veículos por

O motor 1200, de 1.192 cm³ e 30 cv, equipava as primeiras unidades até 1966.

A evolução dos modelos

dia e o porcentual de nacionalização da nossa Kombi era de apenas 50 por cento. (Esse índice refere-se ao porcentual em peso, não em número de peças ou itens.) Já era conhecida do público, pois como vimos, desde o início da década de 1950, foi importada e logo depois montada. Era a opção mais barata e econômica para transporte de cargas na cidade e também na área rural, pois apresentava um bom desempenho e superava os caminhos mais difíceis em estradas não pavimentadas, na época a maioria.

Inicialmente, foram lançados os modelos standard, luxo e furgão; todos com motor 1.192 cm³ e 30 cv de potência líquida (36 cv brutos), chegando a uma velocidade máxima de aproximadamente 100 km/h. O câmbio de quatro marchas não tinha a primeira sincronizada e o sistema de sinalização direcional era a chamada "bananinha", uma haste embutida na coluna B que, ao ser acionada, levantava e acendia, indicando a mudança de direção.

Para muitos, seu estilo era estranho, o porta-malas era pequeno para acomodar as malas de todos os passageiros, o motor traseiro refrigerado a ar fazia muito barulho e não era um veículo estável e seguro. Por outro lado, sua capacidade para carregar nove passageiros e o seu vão livre de 24 cm, somados à tração traseira, faziam da Kombi um bom veículo para trafegar em estradas barrentas ou arenosas, a maioria das ruas e vias brasileiras de então. Removendo-se as duas fileiras centrais de bancos, a capacidade de carga aumentava e em muito. Sua capacidade

Os indicadores de direção nas colunas eram chamados de bananinhas.

A capacidade de carga era de 840 kg, com 4,8 m³ de espaço interno útil.

A evolução dos modelos

O velocímetro marcava até 100 km/h.

líquida era de 840 kg, com 4,8 m³ de espaço útil. Um de seus fortes argumentos era que o carregamento podia ser feito pela lateral direita.

Um veículo ágil e fácil de manobrar, pois era só 21 centímetros maior que o Volkswagen Sedan. Agradou logo de início. Praticamente idêntica à versão alemã na parte externa e na mecânica, seu grupo propulsor tinha 1.192 cm3 e 30 cv líquidos (36 cv brutos) a 3.400 rpm, com taxa de compressão de 6,6:1 e velocidade máxima próxima de 100 km/h — nos primeiros testes em revistas especializadas chegou a 97 km/h.

Com uma estabilidade terrível, por causa do seu formato reto, quase uma caixa, e ainda com um elevado centro de gravidade, era muito sensível aos ventos laterais. A caixa de quatro marchas não tinha a primeira sincronizada. Em 1959, o primeiro Fusca nacional adotaria o mesmo conjunto mecânico, apenas sem as caixas de redução nos cubos das rodas traseiras, o que era necessário na Kombi principalmente carregada.

No seu primeiro ano de produção, a Kombi vendeu 522 unidades.

Em 1958, poucas foram as mudanças promovidas na Kombi, pois os esforços da fábrica se concentravam no aguardado lançamento do Vokswagen Sedan nacional, depois apelidado de Fusca. O nome Fusca foi um clássico exemplo de apelido que virou marca, adotada pela fábrica oficialmente em 1984. Sua origem vem da abreviação de Volkswagen — Volks, que, da pronúncia germânica "folks" logo virou Fusca, Fuca ou Fuqui no sul do país. O nome pegou e tornou-se popular nos quatro cantos do país.

Kombi e seu "irmão", o Fusca – apelido que virou nome.

1960 – NO SALÃO DO AUTOMÓVEL

Kombi Turismo no 1º Salão do Automóvel.

Neste ano, realizou-se o Primeiro Salão do Automóvel nos galpões de exposição do parque do Ibirapuera em São Paulo. O estande da Volkswagen era o maior e mais disputado e visitado. Todos queriam um Volkswagen, sem dúvida uma oportunidade para muitos de ter seu primeiro carro zero-quilômetro. Nele, foi apresentada a Kombi Turismo, uma variação do modelo Camper alemão desenvolvida pela empresa Carbruno em parceria com a Volkswagen do Brasil.

Era praticamente um motorhome ou uma casa sobre rodas. Possuía armários,

Kombi Luxo, com duas cores divididas por um largo friso cromado.

Em 1960, os piscas ainda eram as chamadas bananinhas.

A Kombi com seis portas proporcionava fácil acesso aos passageiros.

Três portas de cada lado. A versão era exclusiva para o transporte de pessoas e preferida como táxi, lotação e para trabalhos em hotéis.

pia e reservatório de água, mesa embutida e basculante e o banco virava uma confortável cama de casal. O toldo sobre as portas laterais formavam uma boa varanda.

A privacidade era garantida pelas cortinas em todos os vidros laterais e logo atrás da cabine do motorista. Ela trazia ainda um fogão de duas bocas, mesa dobrável e quatro cadeiras.

Além dos modelos Luxo e Furgão, o Salão apresentava mais uma novidade: a exclusiva versão de seis portas, três de cada lado, sendo duas para cada fileira de bancos. Também chamada de Kombi Lotação, destinava-se exclusivamente ao transporte de pessoas, sendo adquirida por hotéis e também usada como táxi. Ainda existem alguns modelos servindo alguns hotéis em estâncias hidrominerais, como Águas de Lindoia, Poços de Caldas e outras cidades turísticas do Brasil.

A evolução dos modelos

O estribo lateral facilitava ainda mais o acesso dos passageiros.

1961-1962 – SUCESSO DE VENDAS

Em 1961, as principais modificações foram a extinção das hastes sinalizadoras para mudança de direção, as "bananinhas". No lugar delas, chegaram novas lanternas traseiras, ainda de formato redondo, mas um pouco maiores, e as novas lanternas dianteiras, instaladas na curva acima dos faróis; seu formato motivou o povo brasileiro a criar mais um apelido: os piscas "tetinhas".

A fabricação chegou então a atingir 95 por cento de nacionalização, e, a partir da segunda série, o câmbio passou a ser sincronizado em todas as marchas, dispensando a dupla embreagem ou a parada do carro para o engate da primeira marcha.

Neste ano, as versões eram ainda Furgão, Standard, Especial e Turismo. Nos três últimos modelos, havia apenas variação no acabamento interno, com tecidos

Os novos piscas dianteiros ganharam o apelido de tetinhas.

A Rural Willys foi a primeira concorrente da Kombi no Brasil.

diferenciados, teto forrado, bancos com alças etc. Por fora, pintura de dois tons, calotas, frisos, degraus para facilitar o acesso e opção de quinze janelas. Foram vendidas 14.430 Kombis.

Grande parte desse sucesso devia-se ao fato de não existir nenhum produto semelhante no mercado. Sua concorrente mais próxima era a Rural, da Willys-Overland, e a partir de 1965, a Chevrolet Veraneio, mais cara que ambas. Mas nenhuma oferecia tantos lugares nem um consumo de combustível tão comedido quanto a Kombi, pois usavam grandes motores de seis cilindros e eram veículos pesados e grandes.

As vendas e a popularidade do modelo só aumentavam. Com a necessidade dos brasileiros em ter um veículo de carga leve e ágil, barato, econômico e de simples e fácil manutenção, a Kombi representava de fato uma excelente relação custo-benefício para quem a adquirisse. As famílias mais numerosas resolveram seu problema de transporte. Desde o lançamento até o dia 30 de outubro de 1962, foram vendidas 53.073 unidades.

A evolução dos modelos

1963-1968 – MAIS POTÊNCIA

Em 1963, vieram novas e maiores lanternas traseiras, em formato oval, com sinalização diferenciada para os indicadores de direção (os piscas), com a parte superior na cor âmbar. A dianteira também recebeu novas e maiores lanternas direcionais (piscas), ainda na mesma posição acima dos faróis e novamente com um apelido: eram os "ovos estalados". Sem dúvida, uma melhora significativa para a sinalização, resultando num aumento da segurança. A garantia oferecida era de seis meses ou 10.000 km.

Em 1967, a Kombi possuía motor 1500 e sistema elétrico de 12 v.

Em 1965, as novidades para a Kombi estavam na trava da direção, na chave de contato e no esguichador do para-brisas.

A evolução dos modelos

No ano de 1965, o utilitário recebeu pequenas alterações: trava na direção ligada diretamente ao sistema de ignição e partida, esguichador para o limpador de para-brisas, alguns reforços na lataria para aumentar a robustez e, externamente, as aletas de ventilação do motor nas laterais mudaram seu desenho — antes eram "saltadas" e agora ficaram embutidas, ou seja, sem os ressaltos nas laterais.

Importantes novidades e diversos melhoramentos chegaram ao mercado em 1967. É apresentada ao público uma nova versão, a pickup, e um novo motor, mais potente, oferecido para toda a linha. Com 1.493 cm^3 (1.500) com diâmetro e curso de 83 mm x 69 mm e 44 cv a 4.200 rpm,

A Kombi ganhou novo fôlego com o motor 1500.

A capacidade de carga da pickup era de 1.000 kg.

houve um considerável aumento de potência e torque, em todas as situações. O sistema elétrico passou para 12 volts. A nova carroceria pickup possuía uma enorme caçamba feita em chapas de aço com 5 m² de área, sendo que as três laterais da caçamba basculavam, ou se abriam, o que facilitava muito o acesso para o carregamento das mercadorias, inclusive por empilhadeiras. Esse recurso era utilizado nas carrocerias de madeira nos caminhões, mas em nenhum outro veículo de carga pequeno. E ainda havia, logo abaixo da caçamba, um enorme compartimento fechado para cargas, um porta-malas para acomodar objetos de modo que ficassem livres das intempéries da carga externa. A capacidade de carga, para a pickup e o furgão, passava para 1.000 kg, ou seja, eles praticamente podiam transportar o próprio peso!

Para o motorista, havia banco individual com ajuste do assento em distância em três posições; o comutador de luzes alta/baixa incorporou-se à alavanca das luzes direcionais (piscas); e ainda o limpador do para-brisa apresentava duas velocidades. A estabilidade melhorou com a adoção de rodas mais largas e baixas, 5 pol e aro 14. A Kombi Luxo vinha em duas cores divididas pelo enorme friso cromado que contorna toda a perua; e o teto era sempre pintado de branco.

Em 1968, os para-choques dianteiros e traseiros foram reforçados em todos os modelos e versões. O desenho era similar ao anterior com tubos e garras, mas a lâmina central ficou bem mais forte, dobrada em chapas de aço. Um útil e interessante opcional foi oferecido: a trava do diferencial. Acionada por uma alavanca sob o banco,

A evolução dos modelos 61

o diferencial se anula, ou seja, a força do motor é distribuída para as duas rodas traseiras simultaneamente, vencendo o atoleiro ou a situação em que existe perda de tração. Tratava-se de uma caixa de satélites especial, com uma luva de engate destinada a eliminar o movimento relativo das duas planetárias. Além de possibilitar melhor tração em condições de piso muito escorregadio, como nos lamaçais, era útil nos casos de uma das rodas traseiras ficarem no ar ao se tentar subir enviesado numa calçada, em que a suspensão distendia-se toda, muito comum na Kombi. Não raro via-se um ajudante sobre o para-choque traseiro para restabelecer o contato da roda com o chão e tirar o motorista da embaraçosa situação. Com o diferencial travante, vinham pneus

A versão luxo proporcionava conforto e bom acabamento aos passageiros.

As luzes direcionais, ou piscas, maiores ganharam o apelido de ovos estrelados.

A evolução dos modelos

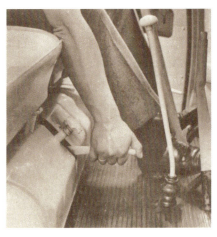

À esquerda: a trava do diferencial, acionada por uma alavanca sob o banco – útil opcional para vencer atoleiros.

traseiros tipo cidade e campo, de sulcos mais pronunciados. Mas essa opção teve vida curta, porque a procura foi pequena.

O opcional era barato, 400 cruzeiros novos. Recomendava-se sua utilização apenas em primeira e segunda marcha, ou em marcha à ré, e também que se evitasse ligar a trava em curvas, pois as rodas se arrastavam e existia o risco de quebra.

A Kombi agradava e fazia parte da paisagem em todo o país. Marcava presença em ruas, estradas, lamaçais, florestas, no interior e nas grandes cidades. Esbanjava robustez e não negava serviço por onde passava. Suas qualidades eram a simplicidade mecânica e a facilidade de manutenção, conhecidas de todos os mecânicos e garantidas por uma enorme rede de concessionárias (mais de 850).

Foram poucas as alterações no início dos anos 1970, apenas novas cores e acabamentos, seguindo os demais modelos da marca.

1975-1976 – A NOVA CLIPPER

Em 1975, atingiu-se o marco de 3 milhões de Volkswagens brasileiros com uma Kombi ambulância. A maior mudança da Kombi foi efetuada logo depois, como modelo 1976. Ela perdeu o apelido de "jarrinha" ou "corujinha" e

O modelo Clipper, de 1976, foi a primeira grande mudança da Kombi.

redesenhada, para-brisa inteiriço, novas portas e janelas, a parte frontal foi totalmente modificada, a suspensão dianteira totalmente reforçada, e a suspensão traseira passou a ser no sistema universal de juntas. O ano foi marcado como o último para-brisas dividido, o conhecido split, utilizado desde 1950.

No fim de 1975, aconteceu a grande e maior mudança na Kombi nacional, e consequentemente a sua maior evolução: uma remodelação total na carroceria, já aguardada e anunciada pela imprensa especializada havia anos. Tratava da evolução natural do modelo, tendo em vista que na Europa o carro já usava essa nova carroceria desde 1968. O modelo 1976 ganhava nova frente e tornava-se quase idêntico à alemã modelo Clipper, com amplo para-brisa sem divisões. Nele, os novos limpadores tinham boa área de varredura, aumentando a visibilidade. As portas dianteiras ficaram maiores, facilitando o acesso, e tinham janelas convencionais, que se abriam totalmente com manivelas — até então, desde os primeiros modelos, as janelas das portas eram "de correr" —, os retrovisores laterais ganharam em tamanho. O restante da carroceria permaneceu igual à anterior, sem a esperada evolução das portas corrediças utilizadas nos modelos alemães.

Apresentava um motor ainda mais potente, com 1.584 cm³ (1.600) (85,5 mm x 69 mm) e 52 cv a 4.200 rpm. O torque

passou a ser chamada de Kombi Clipper, com o novo motor 1.600 cm³. A mudança foi significativa e total; com carroceria

A evolução dos modelos

> O para-brisa panorâmico melhorou a visibilidade e o espaço interno da cabine.

xima. Os freios, ainda a tambor nas quatro rodas, ganharam auxiliar a vácuo, ou servo-freio (que diminuía sensivelmente o esforço necessário no pedal do freio) e válvula reguladora de pressão nas rodas traseiras para aumentar a eficiência quando o utilitário estivesse carregado, sem correr o perigo do travamento das rodas quando vazio.

Barras de torção com feixes e estabilizador reforçavam a suspensão dianteira. Atrás, barras de torção cilíndrica e juntas universais de dupla articulação marcavam o fim da funesta suspensão por semieixo oscilante. Em seu lugar, um braço semiarrastado para o lado mantinha as rodas traseiras praticamente verticais com qualquer carga a bordo, melhorando em muito a sua estabilidade. Curiosamente, a Volkswagen não fez alarde desse fato — talvez por ter mantido o semieixo oscilante no Fusca até o último sair de linha, no final de 1996.

chegava a 11,2 kgfm a 2.600 rpm, providência importante para um veículo que alcançava o peso de 2 ton com carga má-

1978 – DUPLA CARBURAÇÃO

Em 1978, a única mudança ocorreu no motor 1.600 cm³, que passou a ser equipado com dupla carburação (carburadores Solex 32 mm), proporcionando mais 4 cv de potência e mais economia no consumo de combustível, embora necessitasse de regulagens mais frequentes em que os carburadores deviam estar "equalizados", ou seja, funcionando da mesma forma e com a mesma relação ar/combustível. Neste ano, novos reforços estruturais foram feitos; na transmissão, o uso de juntas homocinéticas tornou o sistema de transmissão mais robusto e confiável. Com a dupla carburação, o motor ganhava mais fôlego.

1981-1982 – A DIESEL E A ÁLCOOL

Propaganda ressaltando a vantagem financeira do diesel.

o lançamento da versão exportação da pickup cabine dupla.

A Kombi a diesel era econômica: na cidade, sem carga, fazia 14 km por litro e na estrada até 16,5 km por litro. A velocidade máxima chegava a 116 km/h, maior que a da versão a gasolina (114 km/h).

Em 1981, foi lançada a opção do motor a diesel para a pickup, com cabine simples ou dupla (esta com terceira porta no lado direito), e o furgão. Tratava-se de um motor de 1.588 cm^3 (76,5 mm x 86,4 mm, mesmo diâmetro do Passat 1.5 e curso do que viria a ser o motor AP-1800 em 1984), com potência de 50 cv a 4.500 rpm e torque máximo de 9,5 kgfm. Isso foi possível porque, na legislação brasileira, os veículos só podem ser movidos a óleo diesel se possuírem tração nas quatro rodas ou se forem utilitários que transportem pelo menos 1 ton, esse era o caso da Kombi furgão e pickup. Houve ainda

A evolução dos modelos

O motor, o mesmo do Passat para exportação, era bom. Mas na Kombi... muitos foram os problemas, principalmente na filtragem do ar (embora a fábrica tenha trocado o filtro por um de maior capacidade após algum tempo) e de refrigeração, apesar do radiador nada discreto na dianteira que a deixava mais longa, com 4,43 metros de comprimento.

Na realidade, os problemas da Kombi a diesel decorriam, num primeiro momento, da falta de cuidado com a manutenção, desrespeitando-se intervalos de troca de óleos e filtros (muito importantes em veículos a diesel) e pela utilização dos motoristas, geralmente empregados acostumados com modelos a gasolina e que "esticavam" as marchas acima do limite de giros. Isso acabou gerando a fama de que a versão diesel superaquecia e quebrava frequentemente. Na realidade, conhecemos modelos com altas quilometragens sem problemas, mas com manutenção e utilização adequadas, fatos raros, infelizmente.

O lançamento ocorreu no mês de junho de 1981, e o destaque, além da economia de combustível do motor 1.600 com 50 cv, que proporcionava até 16,5 km por litro na estrada e maior velocidade máxima (116,3 km/h), era a capacidade de carga equivalente ao seu peso (1.000 kg). O desempenho era (bem) modesto: fazia de 0 a 100 km/h em 30,26 segundos. Foram vendidos uma média de 1.500 veículos ao mês durante sua fabricação na década de 1980.

Em 1982, chegava a versão a álcool, com 57 cv, 8 cv a mais do que o motor a gasolina. Um detalhe curioso: externamente, havia um bocal para abastecimento de cada lado do veículo, o do lado direito era o tanque de combustível normal e o do lado esquerdo era utilizado

A cabine dupla, com três portas, era a solução para compartilhar carga e passageiros.

apenas para o reservatório de gasolina para auxiliar a partida a frio. Utilizava dupla carburação com válvulas Termac (que captavam o ar quente do coletor de admissão), para auxiliar no aquecimento enquanto o motor ainda estivesse frio. Seu consumo era elevado, cerca de 5 km por litro em percursos urbanos, mas ainda valia a pena graças à diferença no preço do combustível — naquela época, a gasolina chegava a custar o dobro do preço do álcool.

1983-1985 – MAIS SEGURANÇA

Em 1983, as maiores novidades estavam nos freios dianteiros, enfim a disco, e na cabine: ganhava novo painel, volante de direção mais baixo por causa da nova coluna 20 mm mais baixa, encostos de cabeça no banco dianteiro e a alavanca do freio de estacionamento que saiu do assoalho para ficar debaixo do painel em forma de maçaneta. O motivo para isso foi o cinto de segurança diagonal fixo não permitir, ou limitar, o movimento do corpo para frente. Todo o interior recebeu novas forrações com espumas injetadas, cintos de segurança de três pontos e ainda novo retrovisor e novo modelo de volante, o limpador de para-brisa com dois estágios agora instalado na coluna de direção. Pequenas modificações, mas importantes e significativas para a maior segurança do modelo.

Em 1985, a Volkswagen deixa de produzir o motor a diesel, em razão do grande fracasso de exportação do modelo furgão e pickup cabine dupla, e ainda devido à propaganda negativa da fragilidade do modelo movido a óleo criada pelo público. Em 1986, as versões a diesel deixavam de ser oferecidas, numa discreta saída do mercado.

A Kombi brasileira foi exportada para a Argentina e Nigéria, na África, na década de 1980. No fim dos anos 1990, chegava novamente ao mercado mexicano com motor AP-1800, refrigerado a água, nas versões furgão e standard.

Linha completa: standard, furgão, luxo e as pickups cabine simples e dupla.

A evolução dos modelos

1992 – CATALISADOR

Em 1992, a Kombi passou a vir de série equipada com catalisador como exigência do programa adotado para controle de emissões de poluentes (Proconve), pneus radiais, nova chave de setas com temporizador e bomba elétrica para o lavador de para-brisa, vidros verdes e desembaçador no vidro traseiro (opcional na versão standard) completam a lista das principais mudanças.

A abertura do mercado aos importados, em 1990, revelou a obsolescência de muitos modelos nacionais, mas pouco afetou a Kombi. Ao perceber que os novos concorrentes, vans como a pequena Asia Towner e as maiores Kia Besta e Asia Topic, não conseguiam concorrer no trinômio preço-manutenção-capacidade de carga, a Volkswagen estacionou sua já lenta evolução e a manteve por anos em marcha lenta, sem aprimoramentos.

1993 – POPULAR

O programa Carro Popular foi criado pelo governo, em fevereiro de 1993, como incentivo para incrementar a produção de veículos. Nele, com incentivos fiscais, as montadoras podiam oferecer carros mais simples e baratos, atingindo assim as classes sociais menos abastadas.

Para participar desse programa, os veículos deviam ter motor com até 1.000 cm^3. A Fiat saiu na frente e lançou seu Uno Mille, que já era produzido; a GM lançou o Chevette Júnior; e a Ford, o Escort Hobby, todos equipados com motor 1.0. A Volkswagen aproveitou ainda a criação da Autolatina, uma joint venture com a Ford, e utilizou o motor 1.0 da Ford para criar o seu Gol 1.000. Era o mesmo motor do Escort Hobby, mas instalado longitudinalmente; no Ford, era transversal.

A Volkswagen não possuía motor 1.0 ou 1.000 cm^3, e o então presidente da República Itamar Franco sugeriu: "Voltem a fabricar o Fusca". Com isso, num raro caso na indústria automobilística mundial, o Volkswagen Fusca, cuja despedida ocorreu em 1986 com toda pompa e glória, com direito a uma série especial, numerada e cujas unidades foram oferecidas uma para cada concessionário da marca, amplamente divulgada na mídia e explorada pelas propagandas, voltou a ser produzido após sete anos.

Apesar do motor de 1.600 cm^3, o Fusca contava com os mesmos incentivos fiscais dos 1.0 (redução do IPI para simbólicos 0,1 por cento) e, na sua esteira, a Kombi com o mesmo motor 1.600 também recebeu esse direito e seu preço foi reduzido, o que logo se refletiu em aumento das vendas.

Esse incentivo foi mantido até o final da produção do Fusca, em 1996, ocasião em que o novo presidente Fernando Henrique Cardoso aumentou a alíquota dos populares para 7 por cento.

1997 – PORTA "DE CORRER"

Nesse ano, ocorreu a segunda grande reestilização na carroceria de todos os modelos. Finalmente, o modelo ganhava a porta lateral corrediça e a carroceria semelhante àquela conhecida no resto do mundo — essa foi maior mudança da Kombi desde 1975.

Ela cresceu em tamanho, o teto recebeu um novo formato, o que lhe conferiu

A porta de correr e o teto mais alto eram frutos da nova remodelação da carroceria.

A evolução dos modelos

11 cm a mais de espaço interno, e, além disso, a divisória existente entre a primeira fileira de bancos e a intermediária, onde antes ficava o estepe, foi suprimida. Com isso o carro ficou com apenas dois assentos individuais na dianteira, criando um corredor que permitia a passagem entre a dianteira e a traseira do veículo. A tampa do porta-malas foi aumentada e o pneu sobressalente foi parar na lateral desse compartimento. A versão luxuosa ganhou o nome de Carat e recebeu um banco intermediário com apenas dois lugares, o tradicional local do assento rebatível foi retirado, passando a levar somente sete pessoas, em vez das nove de antes.

A Kombi recebia bem outras novidades, como as janelas laterais também corrediças e maiores (na lateral direita eram fixas) e, como no modelo alemão, a entrada de ar para a refrigeração do motor traseiro passou para a parte de trás das janelas traseiras. Atrás, tanto a porta que dava acesso ao motor quanto a do porta-malas ficaram maiores, mas o motor alojou-se mais "fundo" em seu compartimento, por causa da traseira alongada.

Os retrovisores foram aumentados, o que melhorou muito a visibilidade do entorno da carroceria, e os para-choques passaram a ser da cor do veículo. As tomadas de ar subiram, passaram a ser na última coluna da capota e ganharam em dimensão, assim, as laterais da Kombi deixaram de ter as famosas grelhas de ventilação do motor.

Carat, a versão luxo.

"Carat" é a palavra francesa que traduzida significa "quilate", ou seja, a medida da pureza do ouro. Só isso já remete a certo requinte da versão, que trazia de série encostos de cabeça para todos os sete ocupantes. Falando em ocupantes, o único que nunca pode faltar — o motorista — passou a contar com um confortável volante emborrachado e com empunhadura melhor, e bem à sua frente para-brisa verde em *dégradé*, esse muito bem acompanhado por todos os outros vidros verdes, e a vigia traseira com desembaçador.

Esse novo modelo de Kombi foi produzido somente no Brasil, mas ficou famoso por inaugurar a inovação com a qual os proprietários desse veículo tanto sonhavam:

a porta corrediça. Graças a esse novo acesso lateral, o compartimento traseiro podia receber com mais facilidade qualquer bagagem e a entrada dos passageiros também foi facilitada, um conforto extra que atingiu todos os modelos da perua.

Enquanto as outras Kombis tinham assentos com forração em plástico que imitava curvim, a Carat trazia bancos em veludo, muito mais confortáveis. Se por dentro as pretensões eram de luxo, por fora, a ousadia foi tentar dar um caráter esportivo à perua.

As lanternas traseiras foram escurecidas, como ditava a moda de 1997. Para acompanhar o visual com pretensões levemente esportivas, os piscas dianteiros se tornaram brancos. Além disso, para seguir uma tendência da época, as rodas passaram a ser cobertas com uma supercalota em plástico.

Houve ainda duas variações que não duraram muito — a Kombi escolar e a Kombi lotação, ambas em versões originais oferecidas nas concessionárias, mas vendidas somente por encomenda. Para obter esse efeito, uma empresa de bancos instalava mais uma fileira nos carros. Para fazer essa mágica, o espaço entre as fileiras de bancos e os próprios bancos foram diminuídos, ou seja, o conforto passou a receber nota zero.

1998-2000 – CARAT SAI DE CENA

O motor de 1.584 cm^3 recebia injeção eletrônica multiponto e catalisador para atender às novas — e mais rigorosas — normas de emissão de poluentes. No Brasil, a Kombi Carat foi o único Volkswagen a ar com injeção, embora no exterior tenham existido a série 411-E e o Sedan mexicano. Os pneus radiais na medida 185 R 14 melhoravam um pouco a estabilidade e diminuíam os espaços de frenagem. Apesar das melhorias, continuou sendo popular pela robustez e manutenção simples e barata. O que viesse a mais era lucro.

Em 1999, a Kombi Carat saiu de linha por causa da baixa procura do modelo mais luxuoso; o público gostava mesmo da Kombi para o trabalho, de maneira que dispensava o luxo e o conforto adicionais. Os modelos lotação, para doze pessoas, e escolar, para quinze pessoas, continuaram sendo oferecidos. Então, no ano seguinte, o modelo pickup saiu de linha.

A partir de 2000, a Volkswagen do Brasil decidiu fazer a Kombi somente em uma cor e com um modelo de tecido para os bancos — até os dias de hoje, ela sai somente na cor branca. Assim como Henry Ford e

A evolução dos modelos

seu modelo T, que podia ser comprado em qualquer cor, contanto que fosse preto, a partir de então a Kombi poderia ser e qualquer cor, contanto que fosse branca!

Em 2004, a linha da Kombi mantém as mesmas características da linha 2000, o que mostra uma falta de interesse do fabricante em investir nela.

2005 – A SÉRIE PRATA

O motor a ar sai de linha. Para marcar o fim da produção, foi lançada uma edição limitada de duzentas unidades da Kombi série Prata.

Essa série especial representou os últimos veículos no mundo inteiro fabricados com motor boxer refrigerado a ar. Para comemorar essa despedida, o carro ganhou o título de veículo diferenciado, mas foi vendido como uma Kombi qualquer. Por esse motivo, muitos desses carros foram destinados ao trabalho e, hoje, mesmo com pouquíssimos anos de fabricação são automóveis raríssimos.

A carroceria não ganhou muitos itens de conforto; lembrava a versão Carat de alguns anos antes, mas nem de longe era tão exclusiva. A pintura, chamada de prata light metálico, é um tom diferenciado de prata; os vidros são verdes, com o para-brisa *dégradé* e o traseiro com desembaçador. Os detalhes plásticos foram pintados em um tom de cinza-escuro chamado "cinza--cross", a mesma tonalidade acompanhava os para-choques. Os piscas dianteiros eram brancos e as lanternas traseiras, fumês.

A Série Prata apresentava piscas cristal (no alto) logotipo na traseira (à esquerda) e interior exclusivo (embaixo).

A série apresentava a cor exclusiva prata light metálica e os para-brisas com dégradé.

As últimas duzentas unidades do motor Volkswagen refrigerado a ar no mundo.

Os logotipos que confirmavam a série especial aparecem na tampa traseira e também no painel, ao lado do velocímetro. Outro diferencial eram os assentos revestidos em vinil nas laterais, intercalando entre esse material e um tecido com desenho formando colmeias.

Os últimos motores boxer foram o 1.6 a gasolina com injeção multiponto. Os quatro cilindros contrapostos geravam a potência de 58 cv a 4.200 rpm com torque de 11,3 kgfm em 2.600 giros. O preço era o mesmo dos veículos comuns oferecidos pela linha, ou seja, R$ 39.200,00.

Puxando um pouco a história da Volkswagen, em 1986, quando a marca decidiu encerrar a produção do Fusca pela primeira vez, a agência de propaganda da empresa, a Almap, criou um comunicado que ficou famoso na história publicidade — explicava ele que às vezes o avanço da tecnologia não está no que é feito, mas no que

A evolução dos modelos

se deixa de fazer. A Volkswagen, mais uma vez, precisou substituir algo que era considerado um patrimônio da empresa; ao Brasil coube a honra de encerrar a trajetória do propulsor idealizado na década de 1930 e que fez a fama da empresa.

Esse motor é o que podemos chamar de um projeto eficiente, pois teve uma vida útil de mais de setenta anos e gerou diversas gerações: 1.100, 1.200, 1.300, 1.500, 1.600, 1.700, 1.800. Em todas as versões, era considerado robusto e de simples manutenção, capaz de enfrentar geleiras e desertos sem qualquer ajuste. Embora fosse extremamente poluente e com baixa cavalaria, rendeu mais de 28 milhões de unidades saídas das fábricas e uma infinidade de peças de reposição,
com a incrível soma de uma vida útil de 120.000 km por retífica, possibilitando até seis retíficas por bloco sem a troca dos kits para reencamisar.

Só no Brasil, o motor a ar equipou uma família inteira de modelos, além de locomover infinitas famílias por todo o país a bordo de Fuscas, Karmann-Ghias, SP1, SP2, Volkswagen 1.600, TL, Karmann-Ghias TC, Variant, Variant II e até mesmo o Gol, sem falar, é claro, da Kombi. Os motores rodaram 56 anos por aqui, começando pelos primeiros Volks importados. Isso sem contar a infinidade de foras de série.

Durante a década de 1970, o motor "Volks a ar" foi o coração de diversos projetos que atingiram seus objetivos. Inventores brasileiros e também ideali-

As lanternas traseiras eram fumês.

zadores de sonhos da construção de um carro popular encontraram na plataforma dos Volkswagen seu porto seguro de confiabilidade mecânica e excelente índice de manutenção.

O mesmo motor também foi usado em competições pelo Brasil inteiro, como as Fórmulas V e Super V, que eram compostas por veículos monoposto equipados com motor de Fusca. Em arrancadas com preparações extremas que visavam somente a competição, e não a durabilidade, era possível um motor com cilindrada ampliada para 1.9 obter cerca de 700 cv.

Outros veículos curiosos tiveram o mesmo motor dos Fuscas e das Kombis, a moto Amazonas, por exemplo, tinha a pretensão de ser a Harley Davidson brasileira, o visual Custom era levado por um motor 1.500 ou 1.600 com carburação dupla. Até mesmo ultraleves e girocópteros voaram usando motores Volkswagen a ar.

Muita gente ainda diz que esse motor não devia ter saído de linha, mas o fato é que não havia mais maneiras de mehorar esse propulsor para atender à nova legislação de emissão de poluentes, portanto, a sua descontinuação era a melhor alternativa.

No dia 23 de dezembro de 2006, o motor boxer da Volkswagen encerrou a sua missão e definitivamente entrou para a história da indústria automobilística brasileira após 6.283.007 unidades fabricadas.

A Kombi série Prata com suas duzentas unidades produzidas marcou o último veículo no mundo a utilizar o motor Volkswagen refrigerado a ar. A partir de 2006, a Volkswagen iniciou a comercialização da Kombi com nova motorização.

O bocal para abastecimento de gasolina ou etanol ficava do lado direito.

2006 – FLEX – BICOMBUSTÍVEL

O novo coração da Kombi foi construído na fábrica de motores em São Carlos, no estado de São Paulo. O motor EA-111 com arrefecimento líquido é 1.4 e podia ser abastecido com álcool ou gasolina. Tratava-se do mesmo propulsor do Fox Europeu; as outras versões com litragens diferentes (1.0 e 1.6) que equiparam o Fox nacional e o Polo não foram utilizados na Kombi. Segundo estudos, realmente o menor seria ineficiente, mas há quem garanta que a fábrica chegou a testar o 1.6 e ele se saiu muito bem.

O motor que equipou a Kombi era mais econômico que os antigos boxer, assim como as emissões de partículas queimadas e não queimadas são menores. Dessa forma, o veículo atendia a atual legislação de controle de poluentes, seja em termos de gases ou sonoro. Além disso, o

A evolução dos modelos

Acima: o bocal exclusivo para abastecimento do reservatório de partida a frio com gasolina ficava do lado esquerdo. À esquerda: o motor 1.4 flex refrigerado a água EA 111, o mesmo utilizado no Volkswagen Fox.

mercado começava a exigir um sistema bicombustível, e o nível de ruídos emitidos pelo motor boxer embaralhava a sonda lambda, que sempre foi o motivo de os motores flex refrigerados a ar nunca passarem da fase de protótipos.

O sistema flex fez com que a Kombi voltasse a ter interesse de mercado e trouxe também a volta de dois bocais de abastecimento (que eram usados nos modelos a álcool com dois tanques), mas desta vez um — do lado esquerdo — era somente para o compartimento de partida a frio, ou seja, o único combustível utilizado nesse compartimento era a gasolina. Já no lado direito do automóvel, estava o bocal de tanque convencional, que podia ser abastecido com álcool ou gasolina.

As vantagens da gasolina são a maior autonomia e a conservação dos componentes mecânicos — pelo fato de ter menos água do que o álcool combustível. Em contrapartida, na maioria dos estados, o álcool costuma ficar a maior parte do ano com preços mais baixos e confere maior potência ao veículo.

A alimentação é feita por meio da injeção eletrônica multiponto, que trabalha em conjunto com o projeto de ignição desenvolvido em parceria entre a Volkswagen e a Magnetti Marelli. O desenvolvimento foi pensado para o ganho do torque; como a Kombi é um veículo de carga a força, para o deslocamento inicial o torque é mais importante do que a potência final. Com gasolina, o automóvel consegue tem um ganho melhor e isso se traduz em melhor dirigibilidade ao motorista, que precisa mudar menos vezes de marchas, principalmente nos momentos de subidas íngremes com carga total. Esse tipo de comportamento acaba por traduzir-se em menor consumo e isso é uma vantagem para quem pensa no veículo como meio de trabalho.

Um detalhe técnico passou despercebido por muita gente: os pedais da Kombi tradicionalmente são herança do Fusca e fazem a transmissão por meio de cabos suspensos, mas a situação mudou com o novo motor. Comandos feitos por cabos fixados na carroceria obrigaram a engenharia a mudar o posicionamento de fixação dos pedais que passaram a ser de cima para baixo.

Esse detalhe parece pequeno, mas em grandes viagens tornou-se um sistema de conforto eficaz; além disso, proporcionou o uso de um sistema que trabalha com a injeção eletrônica, criando assim o acelerador eletrônico que dispensa o afogador e consequentemente diminui a chance de o automóvel ter menor rendimento com a temperatura fora do ideal para trabalho. O sistema eletrônico aumenta a rotação da marcha lenta enquanto o motor aquece, permitindo o seu uso imediato.

Nos aspectos técnicos, na parte superior do motor, o acionamento das válvulas é feito por um comando roletado, acionado por tuchos hidráulicos. A solução é antiga, mas funcional, e produz menos ruídos. A manutenção pode aumentar em razão do maior número de componentes mecânicos. A distribuição acontece por causa de uma correia dentada. No antigo motor, tudo ocorria por meio de árvores de comando, o que não gerava manutenção, ao contrário do atual propulsor.

A leitura do tipo de combustível utilizado se dá pela leitura dos gases queimados — um sensor instalado no coletor de exaustão. O instrumento responsável por essa medição é a sonda lambda, um sensor bastante comum. Esse componente foi testado na época dos motores boxer, mas o nível de ruído produzido pelo motor é muito alto por causa das batidas de válvulas e da ventoinha de refrigeração, que embaralham a leitura dos gases e impossibilitam o uso de mais de um tipo de combustível.

O Conselho Nacional do Meio Ambiente (Conama) foi o principal responsável pelas mudanças da Kombi no que diz respeito ao aspecto mecânico. Para reduzir a emissão de gases e ruídos, a engenharia da Volkswagen chegou a projetar diversos sistemas de exaustão, mas os níveis de ruídos do antigo projeto do motor a ar ainda impossibilitavam a sua adequação, não restando outra saída se não a mudança do motor.

Os níveis de ruídos do motor boxer a ar gerava em torno de 78 decibéis, e os novos padrões exigiam que um veículo inteiro não superasse os 80 decibéis; assim, só o motor já extrapolava o limite quando submetido a altas rotações. O mesmo fator que tornava a Kombi famosa e facilmente identificada de longe também determinava o seu fim, se não fosse a adoção do novo conjunto propulsor. O departamento técnico ainda pensou em utilizar a caixa de câmbio antiga, mas as mudanças seriam tantas que era mais simples adequar os pontos de fixação da carroceria para um novo câmbio idêntico ao do Fox 1.4 modelo exportação, fabricado no Brasil, mas vendido somente na Europa.

Na aparência, a Kombi continuava o mesmo "pão de forma" de sempre, o tipo de desenho que ninguém tem a coragem de chamar de bonito ou arrojado, mas,

A evolução dos modelos

assim como o Fusca, é um caso no qual a simpatia do projeto supera a necessidade de algo muito elaborado e cheio de genialidades arquitetônicas. O fato é que mesmo ganhando o sobrenome 1.4 Total Flex — identificado por um adesivo no lado direito da tampa do compartimento acima do motor —, a Kombi permaneceu com o mesmo desenho já conhecido. A diferença realmente significativa ficou por conta da dianteira que recebeu um enorme radiador, assim como ocorreu com a Kombi a diesel; no mais, continuava idêntica ao modelo lançado a partir de 1997.

O acesso ao motor continuava sendo feito pela tradicional tampa na parte inferior da traseira do veículo, mas, com o novo motor, ela cresceu e ganhou outro acesso que lembrava o capô do motor da Brasília. Ao abrir o compartimento do porta-malas traseiro e retirar o tapete original, encontrava-se um grande tampão, que também podia ser retirado, para o caso de precisar suspender o motor por meio de uma girafa.

O reflexo da mudança mecânica pode ser visto, mesmo com o motor fora de funcionamento, no painel da Kombi. O quadro de instrumentos mudou e lembrava o do Fox — que em 2006 eram o grande lançamento da marca. O velocímetro continuou dominando o painel, com os números em branco e, ao acender as luzes, ganhou uma iluminação em vermelho. Bem ao lado, ainda no mesmo conjunto,

O logo Total Flex na tampa traseira identificava a versão bicombustível.

via-se o tradicional marcador de combustíveis que recebeu um novo formato em meia-lua. Para acompanhar os instrumentos, cinco luzes espia davam o alerta de que algo não ia bem no conjunto mecânico. Uma dessas luzes desagradou, a que avisava ao motorista sobre a temperatura do motor, pois a Volkswagen se recusou a colocar uma escala de ponteiros sob a alegação de que o cliente da Kombi não estava acostumado a isso, o que é uma alegação inconsistente, pois até aquele momento o cliente tradicional também não estava acostumado ao novo motor.

Até que a nova Kombi chegasse às concessionárias, foram 500.000 km em testes para cada protótipo construído, ao todo nove modelos foram fabricados — ainda que no método artesanal —, para que tudo fosse aprovado e detectado no transplante de coração que a idosa perua

O novo motor fica exposto na parte inferior do veículo.

Clássicos do Brasil

fixados no câmbio para prender o motor ao carro — herança do Fusca. O novo propulsor ficava exposto na parte inferior, o que causou enorme estranheza nos primeiros compradores do modelo; agora, a fixação era feita por três pontos localizados na parte inferior e presos por coxins diretamente na carroceria do automóvel.

A caixa de transmissão era a mesma, com exceção da capa seca que foi redesenhada, as relações de marcha mudaram de 20:1 para 18,2:1, o que melhorou a dirigibilidade, permitindo o melhor uso do torque e, consequentemente, menos trocas de marcha de cima para baixo quando em situação de carga extrema. A relação do diferencial também aumentou em 5,5 por cento; nova configuração deixou o veículo 30 por cento mais econômico mesmo em alta velocidade.

necessitava. Os testes incluíram mudanças de altitude, variação de carga, proporções de abastecimentos com as mais diferentes porcentagens de combustível, variando entre o álcool e a gasolina.

O antigo motor era completamente ancorado na carroceria do carro por meio de apoio na parte baixa do cofre do motor, mas apenas quatro parafusos estavam

2007 – 50 ANOS DE BRASIL

Em 2 de setembro de 2007, foram comemorados os cinquenta anos de Kombi no Brasil.

Com muita maturidade, sucesso e também elegância, a Kombi chegou aos 50 anos ininterruptos de produção no Brasil em 2 de setembro de 2007. Fabricada em São Bernardo do Campo desde 1957, foi o primeiro veículo da Volkswagen do Brasil. Em uma trajetória de muito respeito e a incontestável liderança de mercado, com 1.383.557 unidades produzidas, a Kombi nunca perdeu a liderança do seu

A evolução dos modelos

A edição especial "50 anos" teve apenas cinquenta unidades produzidas, muito disputadas por colecionadores.

A plaqueta no painel identificava a unidade numerada.

segmento, e suas vendas já alcançaram as 1.290.502 unidades (de 1957 a julho de 2007). Responde atualmente por 7,2 por cento do segmento de veículos comerciais leves, com 13.259 unidades comercializadas nos primeiros sete meses de 2007.

Em comemoração a esses cinquenta anos de sucesso absoluto, a Volkswagen honrosamente lançou a edição especial da Kombi — até o momento da comemoração do cinquentenário, saíram de sua linha de montagem 1.427.933 unidades.

O modelo "50 anos" com apenas cinquenta unidades produzidas, numeradas e destinadas a colecionadores e entusiastas do modelo possui motor 1.4 flex e foi pintado em duas cores (vermelho e branco), no melhor estilo "saia e blusa" como antigamente, com as rodas, os para-choques e os aros de farol tam-

Logo Kombi 50 Anos dourado.

A Kombi 50 Anos já possuía o motor refrigerado a agua.

bém brancos e diversos itens de conforto e acabamento exclusivos, além do logotipo nas portas e na tampa traseira com os dizeres "50 anos" em dourado. Os piscas dianteiros eram brancos ou transparentes, e as calotas, cromadas. Essas unidades ainda eram acompanhadas de um certificado e de uma miniatura da primeira Kombi produzida no Brasil. Foram vendidas rapidamente e ainda são disputadas por colecionadores, com preços cada vez maiores.

Nascida em tempos de Tom Jobim e da bossa-nova, a Kombi foi a protagonista do movimento Paz e Amor e seus hippies nos anos 1960, passou ilesa pelo regime militar da ditadura imposta nesses anos de austeridade e ainda teve saúde para esperar a volta da democracia. Em tempos de muito trabalho, a Kombi soube ser pastelaria, correio, lotação, perua escolar, preservando sempre o seu formato monovolume, com a concentração de carga e utilização do espaço entre-eixos ajudando-a sempre passar como a queridinha do Brasil no quesito custo-benefício.

A partir de janeiro de 2006, as vendas da Kombi foram diminuindo, concentrando 61 por cento em frotistas, principalmente nas empresas de médio porte; desse porcentual, mais da metade ainda via na Kombi um meio de transporte de pessoal, mas aos poucos esse índice se alterou graças ao grande número de vans mais modernas e confortáveis que chegavam ao mercado todos os dias. Do restante, 33 por cento ficou no varejo, com pequenas empresas e trabalhadores autônomos. E 6 por cento é representado pelos órgãos públicos que ainda tinham necessidade desse tipo de veículo.

Quem diria que a Kombi, lançada em meio às obras da fábrica, que seria inaugurada somente dois anos depois, com um ín-

A evolução dos modelos

A Kombi 50 Anos vinha com vidros laterais de correr e entrada para auxiliar na refrigeração do motor.

dice de nacionalização de 50 por cento na época, resistiria mais que seus concorrentes!

Explicar o sucesso do Fusca e da Kombi não é uma tarefa fácil. Os dois veículos não eram os melhores em nada, mas apresentavam muitas qualidades e acabavam se destacando. Não eram os mais confortáveis, os mais luxuosos, os mais velozes ou os mais silenciosos, não tinham o melhor desempenho, nem eram os mais seguros ou bons em frenagens e curvas. Mas eram os campeões na relação custo-benefício, em preço de aquisição e de manutenção, além de serem eficientes e dificilmente deixarem seu dono na mão, quebrando ou atolando nas (muitas) vias ainda sem pavimentação do nosso país.

Um slogan da Volkswagen criado na década de 1960 resumiu "o bom-senso em automóvel". Eram ainda campeões em fatores altamente subjetivos: simpatia e carisma. Muitos gostam do Fusca e da Kombi até hoje, de crianças a idosos, esboçando um singelo sorriso ao vê-los, provavelmente ao se lembrarcm, com gratidão, dos bons momentos passados com eles.

MOTORHOME

Campistas do mundo inteiro viram na Kombi uma oportunidade de ter sua casa sobre rodas, e no mundo inteiro foram feitas adaptações especiais. Em alguns modelos, os bancos reclinavam até se transformar em camas; para evitar o sol na cara, trilhos com cortinas eram fixados nas janelas.

Uma versão, bem interessante, possuía um teto único. Quando fechada era possível notar um "calombo" — ele se abria de forma inclinada e se transformava em uma barraca na capota da Kombi. Diversos fabricantes de acessórios aproveitaram a ideia, misturando lona e fibra de vidro para tornar a tenda suspensa mais confortável. Normalmente, o "andar de baixo" (que é o próprio interior do veículo) era o lugar onde ficavam a mesa e o sofá. Também podia ter uma pequena pia com torneira, sistema de áudio, armários. Era considerada muito aconchegante e hoje tem status de item de coleção; a mais famosa é o modelo alemão Westfalia.

Quando pensamos em Karmann-Ghia, lembramo-nos daqueles elegantes coupés montados com a mecânica do Fusca, mas a fábrica de São Bernardo do Campo construía também trailers e carretinhas e viu na Kombi uma excelente chance de criar um novo automóvel, considerado o único motorhome de fábrica do nosso país. A Kombi-casa era

Kombi Safári, produzida pela Karmann-Ghia, com inspiração nos motorhomes americanos.

85

A Kombi Camping podia se tornar uma casa de campo ou de praia em qualquer lugar.

uma feliz criação, não podia ser chamada de ágil como um automóvel de passeio e nem de espaçosa como uma casa, mas quem é que queria alguma dessas supostas qualidades? Ter uma casa que pudesse ir para qualquer lugar do mundo era muito mais divertido para os aventureiros e também para as famílias, mas, neste caso, recomendava-se para famílias pequenas, com até quatro pessoas.

A Karmann-Ghia construiu um modelo inspirado nos grandes motorhomes norte-americanos, que se adaptou perfeitamente bem à plataforma do utilitário Volkswagen, a Kombi pickup. O banheiro contava com assento químico, pia e ducha, essas compartilhadas — quando a torneira estava numa posição era para uso na pia, quando

Assinatura do fabricante: a Karmann-Ghia era uma referência na fabricação de trailers.

pendurada era usada como chuveiro. Além disso, os Safáris (nome do Motorhome) eram dotados de sofás, mesa e armários embutidos.

Os trailers da Karmann-Ghia serviram de base para a adaptação na Kombi pickup. Para ela, foi desenvolvida uma nova carroceria com forração térmica, instalados itens como fogão e geladeiras, além de toldos retráteis na lateral direita, onde ficava a porta de acesso do compartimento "residencial". Para conferir maior rigidez ao projeto, foi construído um novo chassi, e um retângulo reforçado com travessa em X permitia um melhor comportamento em curvas e menor rolagem. Dirigir um Karmann-Ghia Motorhome, fosse o Safári ou o Touring, era como andar numa Kombi com carga máxima, a atenção devia ser a mesma de um motorista em situação de trabalho.

O nascimento dos modelos de motorhomes Karmann-Ghia se deu em 1977, quando estreou o primeiro modelo, já na versão Clipper. O nome era Touring, e basicamente era a pickup com um trailer acoplado na traseira. A capacidade era boa para um casal, mas deficiente para um número maior de pessoas.

Esse foi um dos motivos das baixas vendas da Touring e a consequente necessidade de mudança do modelo para uma nova configuração: a Safári, que estreou em 1979.

Seu desenho era mais moderno e harmonioso graças ao "segundo quarto" instalado acima da cabine. Agora, a capacidade de ocupantes dobrou para quatro pessoas, o que deu ao veículo um atrativo maior de compra, pois as famílias da época tinham entre três e cinco membros — enquanto as crianças fossem pequenas, dava para acomodar mais uma.

Algumas famílias adaptavam seus Safáris a fim de ter mais conforto. Uns retiravam os banheiros (e usavam os do camping), outros passavam os utensílios de cozinha para o lado externo do veículo, poupando assim preciosos centímetros no compartimento "casa" do motorhome.

A velocidade máxima e em condições extremamente favoráveis era de 80 km/h; dificilmente passava disso, mas a ideia desse carro não era chegar com pressa ao destino e sim curtir a viagem. Por causa da sensibilidade aos ventos laterais, alguns proprietários optavam por talas de pneus mais largas e outros melhoravam o sistema de freios.

A evolução dos modelos

ORIGINAL DE FÁBRICA

Em 1960, a Volkswagen propôs um aproveitamento mais inteligente do espaço interno da Kombi e criou, assim, uma adaptação para ficar com a configuração de uma barraca de acampamento. Para realizar essa transformação, a Kombi foi encaminhada para a empresa Mercantil Suíça, onde os móveis foram confeccionados, depois a Camas Bruno se encarregou de adaptar a parte do estofamenento, criando sofás-camas. Os bancos dos passageiros ganharam uma configuração que permitia ter duas posições: a primeira formava uma sala de estar, a segunda posição (reclinada) formava uma grande cama de casal. O projeto foi considerado bem-sucedido e por isso a Kombi ganhou status de atração principal do Salão do Automóvel de 1960.

O modelo mostrado abaixo pertence ao autor Fábio C. Pagotto e foi a primeira Camper produzida e apresentada no Salão do Automóvel de 1960. O veículo zero-quilômetro foi comprado pelo pai de Fábio e era utilizado para o lazer nos primeiros anos; depois de retirados os móveis, trabalhou muito em diversas empresas da família. Só foi restaurado em 1990, e assim recebeu sua merecida aposentadoria, só aparecendo agora em encontros de automóveis antigos ou em passeios de fim de semana.

Primeira Camper brasileira, apresentada no Salão do Automóvel de 1960.

CAPÍTULO 4

CURIOSIDADES

SALVAÇÃO DA INDÚSTRIA

O projeto original do Fusca podia ter sido concebido sem chassis, com utilização de monobloco, mas Ferdinand Porsche viu no uso de chassi um melhor aproveitamento do veículo para outras finalidades, principalmente a militar, e esse foi o grande motivo que incentivou o partido nazista a aceitar o modelo e ver nesse pequeno automóvel a possibilidade de um grande aliado para o transporte de armamentos, tropas e até mesmo ataque ao inimigo.

O chassi do Sedan serviria também para fabricar um automóvel fora de estrada, o Kubelwagen, que entrou em produção assim que o conflito bélico começou. Se por um lado, esse projeto inicial impossibilitou a concepção da Kombi no original, por outro, foi exatamente o uso do chassi, do tipo plataforma, que salvou a indústria brasileira durante o período em que as importações de automóveis eram proibidas (1974-1990). Exceto a Kombi, a linha Volkswagen era sempre constituída por modelos com chassi como os Volkswagen Sedan (Fusca), Volkswagen 1.600, Karmann-Ghia, Volkswagen TL, Volkswagen Variant etc.

Possibilitou ainda projetos brasileiros de sucesso, como o Volkswagen Brasília, com mais de 1 milhão de unidades produzidas, e até o exclusivo esportivo SP2, um projeto audacioso e moderno, sempre na plataforma Volkswagen.

Graças à construção da carroceria independente do chassi, o Brasil conheceu uma infinidade de bugies e veículos especiais, utilizando a plataforma Volkswagen, ideia que atravessou fronteiras e ganhou o mundo. O projeto de maior sucesso, o Puma, foi muito exportado e hoje o pequeno carro esportivo brasileiro ainda é fabricado na África do Sul (que também fabricou muitos Fuscas).

As réplicas e os esportivos conhecidos como fora de série, tinham desempenho modesto: mesmo quando preparados não andavam muito mais que um Volkswagen original. Mas tinham como principal atrativo o apelo visual diferenciado. As criações dos designers brasileiros usavam e abusavam da plataforma e de componentes Volkswagen.

Curiosidades

A PREFERIDA DAS TRIBOS

A Kombi era utilizada para promover eventos musicais, como o da banda The Who.

Nos anos 1960, ainda na terra do Tio Sam, as Kombis também caíram na preferência dos hippies, principalmente a versão furgão, por possibilitar que a filosofia do "sexo, drogas e rock and roll" rolasse solta, sem a interferência das autoridades. O grupo costumava pintar o veículo com os símbolos hippies e flores, usados como protesto contra a guerra do Vietnã.

Também servia como protesto aos supérfluos e consumistas valores americanos, cujo governo incentivava o consumo, em especial de produtos nacionais. Hoje, os hippies estão em comunidades isoladas ou se tornaram vítimas do sistema e integraram a "sociedade careta", mas suas peruas sempre são lembradas e cultuadas, ironicamente com direito a homenagens em longas-metragens de animação, como *Carros*, da Disney.

Com tanta versatilidade e fama, a Kombi era a preferida de surfistas em todo o mundo, desde o estouro entre o público nos Estados Unidos até a consagração no Brasil, onde é muito bem cotada até hoje. A facilidade de abrigar pranchas de surf no teto e os bancos que possibilitavam o transporte de toda a galera eram os atrativos, além de seu preço acessível e da manutenção barata.

ITEM DE COLEÇÃO?

Cult, o modelo coleciona admiradores. O jornalista e historiador Heródoto Barbeiro, por exemplo, é um deles — ele tem uma Kombi convertida para GNV (gás natural veicular) e anda de Kombi há pelo menos quarenta anos!

Enquanto aqui a Kombi sempre foi um modelo usado para o trabalho, nos Estados Unidos, como já vimos, o "pão de forma" da Volks foi um ícone do movimento hippie nos anos 1960. Na Europa, ela foi mudando ao longo do tempo até sua forma original desaparecer. No Brasil, passou por apenas duas grandes plásticas: uma em 1975 e outra em 1997.

O modelo produzido hoje aqui é muito semelhante ao alemão produzido de 1967 a 1976. Atualmente, a Kombi sobrevive principalmente como lotação e veículo para entregas rápidas nas cidades. Mais de 2 milhões de unidades (incluindo as versões furgão e pickup) já foram fabricadas pela Volkswagen do Brasil.

Assim como no caso do Fusca, existe uma verdadeira legião de fãs do modelo, muitos têm recordações e lembranças agradáveis que são resgatadas a cada passeio de Kombi. Nos encontros e passeios de clubes de carro antigo pelo país percebe-se um aumento na quantidade de veículos expostos e eles sempre fazem muito sucesso com o público visitante de todas as idades. Para quem não acredita em Kombi colecionável, vale lembrar que nos anos 1970 e 1980 ninguém pensava em guardar os automóveis de motor V-8 e hoje eles são o hit em qualquer coleção.

A tendência é mundial, existem clubes de colecionadores e admiradores em todo o mundo, e os modelos mais raros e antigos, como os da década de 1950, já atingem cifras bem altas no mercado. As Kombis estão em diversos museus e coleções particulares do mundo, principalmente na Europa e nos Estados Unidos, onde até no Henry Ford Museum, em Detroit, existe uma Kombi Camper 1960 em destaque.

Os modelos mais procurados e valorizados são os primeiros de cada modificação e as séries especiais e comemorativas. No caso da Kombi, recebem atenção especial os modelos de sua primeira fase (1957-1960), o modelo Turismo, as unidades com seis portas e as pickups com carroceria em chapas de aço. Depois, vêm os 1.200 e 6 volts (até 1966); os modelos luxo do fim dos anos 1960 e início da década de 1970 (1968-1975), já com motor 1.500, com pintura em duas cores e ótimo acabamento interno; a última split e as primeiras Clipper. Modelos especiais e adaptações também são colecionáveis como forma de testemunho de época, que contam a rica história do carismático modelo.

Ultimamente, a série Prata e a "50 anos" foram lançadas como itens para colecionadores e têm valorização constante.

As restaurações e buscas por modelos e itens originais ocorrem em todo o país, o que mostra que o mercado de Kombis de coleção não para de crescer e, geralmente, é um investimento rentável. Quase sempre utilizadas como ferramenta de trabalho, o estado das Kombis em geral não é bom, mas, se sua estrutura monobloco estiver preservada, não é difícil a restauração graças principalmente à simplicidade de sua mecânica e das linhas retas de sua carroceria, além da pouca quantidade de detalhes de acabamento — fatores importantes para a preservação de qualquer modelo de automóvel no mundo. Então, podemos dizer sim que a Kombi já é um item de coleção.

Veículos populares e carismáticos fazem parte da história do automóvel, assim como os Ford modelos T e modelos A, o Fusca e a Kombi também estão presentes nas maiores e mais importantes coleções e museus do mundo.

Curiosidades

KOMBI 4X4

Existiram ainda protótipos da Kombi com sistema de tração nas quatro rodas, o famoso 4x4. O desenvolvimento desse projeto foi realizado pela Dacunha Veículos, um concessionário da marca que, associado à QT Engenharia e Equipamentos (entre 1980 e 1985), desenvolveu um novo sistema de tração total aplicado à mecânica Volkswagen. Essa nova empresa, a Dacunha/QT, tinha como meta a diversificação na aplicação do sistema de tração integral — a ideia era conquistar o amplo mercado rural. Foram fabricadas apenas duas unidades da Kombi 4x4.

O resultado das modificações foi positivo. A Kombi sempre tivera problemas com pisos sem atrito e também com subidas muito íngremes e ladeiras: mesmo secas, quando revestidas ou calçadas com materiais pouco aderentes — paralelepípedos, terra batida e empoeirada —, a tendência a patinar é irreversível. Nesses casos, quase sempre a solução era pedir a um passageiro que subisse no para-choque traseiro para garantir peso e um pouco de tração na roda traseira. Para substituir "esse esforço humano", um simples toque na alavanca propiciava uma saída imediata, sem titubeios.

O sistema não produzia nenhum ruído estranho, mas, quando acionado, provocava certa perda do torque (força de saída do motor). De qualquer forma, não alterava o relativo conforto da suspensão original. A Kombi 4x4 podia ter sido uma importante aliada nas operações em estradas não pavimentadas, em estações chuvosas, em sítios, fazendas e para comércio em estradas do interior. Por causa da baixa produção e do custo do investimento realizado, ela não vingou. Talvez pudesse ter conquistado o nicho de mercado abocanhado pela Ford Pampa 4x4 e Ford Belina 4x4 durante os anos 1980 e 1990, principalmente após o fim da produção do Jeep Ford, em 1983.

Uma versão 4x4 da Kombi chegou a ser fabricada, mas o projeto não vingou.

CONCORRÊNCIA INTERNACIONAL

O estilo da Kombi é singular, não é mesmo? Mas existiram pelo menos dois veículos muito similares na concepção na própria Alemanha: os modelos das marcas

Tempo e DKW. A dupla foi lançada quase ao mesmo tempo que a Kombi.

A perua da DKW, denominada F89 Van, baseava-se no automóvel F89, considerado o pai do F91, que, por sua vez, deu origem à nossa primeira Vemaguete, em 1956, conhecida por aqui como "risadinha". Lançada em setembro de 1949, foi o primeiro novo produto da marca após a Segunda Guerra Mundial e também o pioneiro entre todos os utilitários, com cabine avançada, ou seja, montada em cima do conjunto mecânico, proporcionando maior aproveitamento do espaço interno, embora não tanto quanto o que a Kombi proporcionava.

As formas do Furgão DKW eram mais retilíneas do que as da Volkswagen, as portas da frente (do motorista e do passageiro) eram do tipo "suicidas", isto é, abriam ao contrário das portas convencionais — da frente para trás. O motor e a tração eram dianteiros, e o câmbio era de quatro marchas, o mesmo do automóvel, mas o acionamento passou da coluna de direção para o painel e, depois, para o assoalho.

Saíram também versões de três cilindros, 900 cm^3 e 32 cv, em montagem longitudinal, e um curioso motor de dois cilindros, 700 cm^3 e 22 cv, transversal. Seguindo a tradição da marca, todos os propulsores tinham sistema de dois tempos, como todo DKW, o óleo se misturava com a gasolina. A distância entre-eixos era de 2,75 m ou 3 m; o veículo pesava em torno de 1.000 kg e transportava até 750 kg, ou oito passageiros. A velocidade máxima mal passava de 80 km/h, mas era considerado um eficiente meio de carga e transporte para as cidades.

Além do furgão de carga, chamado de Delivery Van, a marca oferecia os modelos Pickup, Kombi (com mais lugares e vidros) e Bus, este destinado ao transporte de passageiros. Também existiam aplicações especiais, como ambulância e loja ambulante, ao estilo das Towners de cachorro-quente que vemos hoje na cidade de São Paulo.

O outro veículo é o Matador, nome um tanto estranho, ainda mais para falantes de língua portuguesa, mas o veículo também é bastante curioso. Foi lançado em 1949,

Perua DKW, concorrência alemã com motor e tração dianteiros e o tradicional motor de dois tempos.

Curiosidades

Tempo Matador, com o mesmo motor Volkswagen 1.100.

pela Tempo Werke, uma pequena empresa de Hamburgo, na Alemanha. Embora o nome fosse um tanto nefasto, o automóvel era do bem — um pequeno utilitário que lembrava muito a Kombi Pickup e que compartilhava o motor da nossa querida "perua", na época, o 1.100 de 25 cv.

O sucesso do Matador foi maior do que o esperado para uma empresa de pequeno porte como a Tempo. Existiram as versões Furgão e Pickup e as exportações começaram logo, por isso, o Matador chegou antes da Kombi em muitos lugares, principalmente nos países com mão de trânsito inglesa, onde a adaptação da Kombi demorou a atender os índices de homologação dos órgãos de trânsito locais.

As grandes diferenças da Tempo Matador estavam na localização do motor e na tração. O propulsor ficava embaixo do banco do motorista; para a manutenção, era necessário tombar o banco para a frente ou retirá-lo do veículo. Graças a esse posicionamento do motor, a tração também era dianteira e a traseira era 100 por cento destinada a carga. O tanque de combustível alojava-se na dianteira do veículo, o que lhe conferia o aspecto de uma barriga logo abaixo do para-brisa bipartido.

Nos países de língua portuguesa e espanhola, logo surgiu uma piada: diziam que pelo fato de o tanque de gasolina se localizar na extrema dianteira do veículo, no caso de uma colisão frontal, o nome Matador se justificaria facilmente no momento da explosão. Outra piada pronta era o tipo de abertura das portas da cabine, da frente para trás (contrário das portas atuais), cujo apelido é suicida. Estima-se que tenham sido produzidas 1.362 unidades do modelo; algumas vieram ao Brasil entre o final de 1949 e o início de 1952, mas por aqui poucos Matadores — da Tempo — continuam vivos para contar essa história.

A concorrência no exterior foi maior nas décadas de 1950 e 1960; o Austin J4, Fiat 1.100 T, Peugeot D4B, Renault Estafette, além dos citados Tempo Matador e DKW F89 faziam frente ao furgão alemão. Já nos Estados Unidos, havia a Chevrolet Corvair Greenbrier e outras vans da GM, Ford e Chrysler, que começaram a fazer o mesmo gênero na década de 1960. Só que os motores desses americanos consumiam bem mais combustível, o que fazia do modelo da Volkswagen uma opção isolada.

CONCORRÊNCIA NACIONAL

Os veículos brasileiros que podiam concorrer com a Kombi no transporte de passageiros eram apenas a Chevrolet Veraneio e a Rural Willys, depois Ford. Ambas com construção em estilo americano de chassi reforçado, motor dianteiro a gasolina e de alto consumo e espaço interno generoso, mas com capacidade inferior à Kombi em número de passageiros, além de muito mais caras e de maior custo de manutenção e maior desvalorização.

No Brasil, só na década de 1990 com a abertura à importação, apareceram sérios adversários; antes, alguns transformadores de veículos e fabricantes "fora de série" fizeram a festa com carrocerias de plástico com fibra de vidro, fabricando vans de porte maior. Alguns famosos são a Furglaine da Sonnervig, e a Ibiza da Souza Ramos, ambas sobre chassi de pickup Ford F-1.000. Mas nunca chegaram a ameaçar a Kombi, assim como a Gurgel que produziu o furgão G800 em fibra de vidro, com o mesmo motor Volkswagen, mais aerodinâmico e com melhor acabamento que a Kombi, mas muito mais caro e de produção irregular e limitada.

No início da década de 1990, os importados Towner, Besta e Topic ameaçaram e balançaram inicialmente a hegemonia da Kombi, mas logo se mostraram frágeis e de manutenção cara e complicada. Além disso, as revendas eram poucas e ainda havia a desvalorização dos modelos usados. Assim, a Kombi nunca encontrou concorrentes diretos capazes de oferecer o que ela tinha de melhor: a relação custo-benefício, sempre um fator importante em veículos de uso comercial.

APELIDOS

Diversos automóveis ganharam apelidos, mas a Kombi foi imbatível nesse quesito. Os primeiros apelidos do automóvel foram criados justamente por conta das colisões. Era comum ouvir a expressão "o para-choque da Kombi é o peito do motorista"; a sofrível estabilidade fez o apelido "Jesus me chama" também ser famoso por causa do grande número de capotamentos.

A Kombi pickup era conhecida como "cabrita", pois a traseira pulava muito quando vazia.

Curiosidades

Seu formato interessante e monovolume rendeu o apelido "pão de forma" ou "pão pullmann", uma referência à famosa marca de pães industrializados; com os modelos de para-brisas divididos ou split, produzidos até 1975, o veículo ficou conhecido como Kombi Corujinha, porque os faróis parecem olhos arregalados da ave, ou ainda Kombi Jarrinha por causa do formato arredondado da frente do carro. Os modelos mais novos com para-brisas panorâmicos são conhecidos todos como Kombi Clipper, graças ao modelo alemão de 1967. Já a Kombi Pickup é popularmente conhecida como "cabrita", porque a traseira pulava como uma cabrita quando estava sem carga.

E finalmente os modelos equipados com motor 1.4 são apenas Kombis a água, graças ao sistema de refrigeração que mudou, depois de meio século equipada com o confiável e durável Volkswagen refrigerado a ar. O mesma coisa ocorreu no exterior: a perua recebeu diversos apelidos populares, quase sempre relacionados ao seu formato ou à sua utilização específica, além de alguns apelidos carinhosos.

Kombi Clipper, modelo disponível a partir de 1976.

PERUEIROS

Durante muitas décadas, a Kombi foi o veículo preferido para o transporte de passageiros. Muitas vezes, era a alternativa particular de um proprietário para transportar pessoas cobrando menos que um ônibus e colocando — se possível — a mesma quantidade de ocupantes de um "busão lotado". No trânsito, foram consideradas praga em épocas de grande demanda de passageiros e um sistema público de transporte sofrível.

Por ser barata, robusta e fácil de consertar, a Kombi se tornou a queridinha do Brasil. Na capital paulista, o número desse tipo de transporte cresceu tanto no fim dos anos 1990 que as autoridades de trânsito chegaram a apreender mais de 2.000 Kombis por dia! Os "motoristas" desses automóveis infringiam diversas leis de trânsito para percorrer o maior percurso possível em tempo curtíssimo, o que provocava diversos acidentes. Essa categoria de motoristas ficou conhecida como "perueiros" porque o nome popular da Kombi em São Paulo era "perua".

Para baratear custos, os perueiros instalavam GNV nas Kombis, e quase sempre os cilindros de gás eram colocados embaixo dos bancos traseiros. Assim, a perda de potência era compensada pela economia de combustível. Em cidades mais quentes, como o Rio de Janeiro, alguns veículos foram adaptados e receberam janelas que podiam ser totalmente abertas para permitir uma melhor circulação do ar para os passageiros, já que onde cabiam doze tinha quase sempre mais de quinze.

CINEMA

Mesmo com boa aparência e sendo de excelente família, a Kombi não deixou de ser o automóvel preferido dos vilões, principalmente na versão Furgão. No seriado dos anos 1960, a versão original de *Batman*, e também no primeiro filme de *101 dálmatas*, eles apareceram. Já no primeiro filme da trilogia *De volta para o futuro*, logo no início, o cientista Emmet "Doc" Brown é morto por líbios a bordo de uma Kombi, modelo van, interessados no plutônio que servia de combustível para a máquina do tempo.

O filme franco-americano *Ronin* tem a melhor perseguição de automóveis da história — são onze minutos de perder o fôlego, mas em cenas mais calmas a Kombi aparece como o meio de transporte pre-

Curiosidades

ferido dos mercenários enfrentados por Robert de Niro e Jean Reno.

Bruce Willys também se rendeu à "kombosa" em *Duas vidas*: quando reencontra a si mesmo com 32 anos menos, seu meio de transporte era uma Kombi com pintura hippie.

Nos filmes de Elvis Presley, na década de 1960, várias delas pertenciam a surfistas. Em 2006, a Kombi foi personagem da animação *Carros,* em que Fillmore é uma Kombi verde da década de 1960, meio hippie, que vendia e queimava combustível orgânico e exaltava seus benefícios.

No ganhador do Oscar de 2007, as aventuras de *A pequena Miss Sunshine* se passam numa conturbada viagem do Novo México até a Califórnia numa Kombi dos anos 1970 — um detalhe interessante é que o motor de arranque estraga logo no início do filme; a partir daí, para ligar o veículo, só na base do tranco. E uma curiosidade: cinco Kombis idênticas foram usadas durante as filmagens.

USO VARIADO

Jornais e revistas vinham na Kombi, já com a porta aberta, e o entregador/arremessador mirava no jornaleiro mais fácil na banca ou sobre o portão do assinante. Segmentos de todos os tipos a utilizaram e ainda a utilizam, pois ela continua praticamente sem substitutos: aviação, correios, fábricas de refrigerantes, imprensa, lavanderias, frigoríficos, agências de turismo, padarias, Exército, Marinha etc.

Para a polícia, parecia o veículo ideal: comportava muitos detentos, e, para estes, a Kombi era mais confortável do que a Veraneio da GM. Até que se descobriu uma fragilidade: pelo baixo peso e alto centro de gravidade, podia ser tombada pelo movimento proposital dos distintos passageiros!

Na Europa e nos Estados Unidos, o monovolume da Volkswagen serviu de trailer para venda de refrigerantes, cerveja e sanduíches. E serviu também

Acima: um modelo adaptado para gabinete dentário: um consultório móvel.

Clássicos do Brasil

Kombi usada como viatura da Polícia Civil.

de motel... A versão Furgão era muito apreciada. No Brasil, para esse fim, só alguns anos depois. Foi o primeiro veículo escolar dos adolescentes das décadas de 1960, 1970 e 1980. Até hoje há muitas em atuação nessa área. Ou seja, a Kombi já foi de tudo; se não foi, ainda vai ser, só depende da criatividade do seu proprietário.

INCÊNDIOS

Diversas vezes, a imprensa noticiou casos de Kombis que pareciam entrar em "combustão espontânea", e flagrar a cena no trânsito não era raro. Virava e mexia, alguns motoristas paravam para ajudar o dono de uma perua que insistia em incendiar. O auge da fama veio na década de 1990 quando o aumento vertiginoso do trânsito também fez crescer a fervente mania da Kombi de virar uma enorme fogueira. Isso fez a segurança e confiabilidade do veículo serem questionadas.

Com receio de uma proibição governamental, a Volkswagen publicou um boletim aos seus concessionários lembrando-os da necessidade de verificar alguns itens importantes para a boa sobrevivência do veículo. Entre esses itens, estava uma borracha que custava menos de 20 centavos e tem o nome de passa-fio. Sua função é a de envolver os furos do carro por onde passam as fiações e os cabos.

Por ironia do destino, um problema comum acontecia na parede corta-fogo (divisão de lata entre o motor e o interior do carro): o cabo do positivo da bateria atravessa essa chapa e é protegido por um passa-fio. Conforme a carroceria se movimenta, a pequena borracha de proteção se solta e o cabo começa a roçar na lata, que acaba cortando a capa de proteção do cabo. E aí basta que o metal do cabo entre em contato com a lataria para ocorrer um curto-circuito, ocasionando faíscas.

Faíscas ao lado de um tanque de combustível resultam em incêndios na certa. O vapor do combustível propaga a chama da faísca; nos motores com dupla carburação, a probabilidade aumenta graças ao maior número de dutos de combustível; um deles — o da direita — fica próximo da bobina. Em qualquer um dos casos, o que incendeia a Kombi não é o projeto,

Curiosidades

mas a falta de manutenção. Prova disso é que as peruas usasdas pelos Correios e pela antiga Telesp (atual Telefonica) eram Kombis que rodavam dia e noite, parando só para a manutenção e o abastecimento, e ainda existem muitas em pleno uso.

O tanque de combustível sobre o motor, o que pode fazer a gasolina se deslocar por "gravidade"; tubulações, filtros e mangueiras de combustível ressecadas e a posição da bateria no compartimento do motor faziam das peruas que não recebiam manutenção adequada ou eram de proprietários negligentes e descuidados uma verdadeira bomba com o pavio aceso.

Por isso, a recomendação e o alerta aos proprietários de Kombi é: a manutenção adequada é vital para a integridade do veículo, e, nesse caso, trata-se de uma manutenção simples e barata!

Resumindo, não é a Kombi que pega fogo à toa, mas sim a falta de atenção do proprietário que, aliada a erros de projetos, se torna combustível para problemas que resultam em incêndios.

PUBLICIDADE

Alguns automóveis têm mesmo o dom para a divulgação. A Kombi sempre foi um astro reconhecido pela publicidade; nas décadas de 1960 e 1970 fez diversas aparições nos comerciais da TV e nas páginas coloridas de grandes revistas, quase sempre divulgando uma grande marca. Era preciso falar com famílias, fazendeiros e até — porque não — religiosos. Por isso, não era nada incomum ver uma Kombi lotada de freiras! Uma coisa é certa: a Kombi sempre disputou papel entre a figuração e o astro principal.

Sem dúvida, o mais criativo dos comerciais foi lançado em 1997, mostrando dois garotos sentados na calçada conversando. Um dele diz que sonha com um belo e esportivo carro conversível; na imagem do sonho aparece o carro com uma bela loira ao lado dele. O outro diz que o carro dos seus sonhos é uma Kombi; na imagem do sonho, ele aparece numa Kombi com várias loiras, morenas, ruivas. A propaganda ficou pouco tempo no ar, pois o Conar (Conselho Nacional de Autorregulamentação Publicitária) alegou que, além de ter insinuações de cunho sexual, mostrava garotos ao volante de automóveis. Mas era uma propaganda genial!

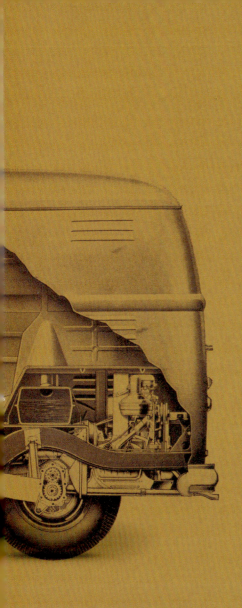

CAPÍTULO 5

DADOS TÉCNICOS

FÓRMULA DE SUCESSO

Desde o início de sua produção, em 1957, a Kombi teve ótima aceitação no mercado, em razão principalmente do seu projeto simples e eficiente. Nesses mais de cinquenta anos, o veículo passou por revoluções, crises financeiras, troca de moedas e um período com índices de inflação estratosféricos seguidos pela estabilidade econômica e pela abertura de mercado com novos e modernos concorrentes. A perua sobreviveu a tudo isso com poucas mudanças em seu projeto original e sempre se manteve entre os veículos comerciais leves mais vendidos do Brasil, superando ainda hoje em quase o dobro o seu principal concorrente.

As tabelas a seguir mostram a produção do veículo ano a ano, tanto no mercado interno quanto no externo, e refletem bem o fato de a Kombi ainda ter fôlego para o mercado. A perua vai se manter na ativa pelo menos enquanto a legislação permitir, pois em breve a necessidade de adequar-se a normas de segurança mais rígidas poderá antecipar sua aposentadoria.

Capa do manual de instruções original de 1960.

Dados técnicos

Kombi – Manual do proprietário

MODELO	1960	2011
Desempenho		
Aceleração de 0 a 100 km/h	—	16,6s (G) / 16,1s (A)
Velocidade máxima (A/G)	90 km/h	130 km/h
Dimensões principais		
Distância entre-eixos	2.400 mm	2.400 mm
Altura	1.940 mm	2.040 mm
Largura	1.750 mm	1.720 mm
Comprimento	4.280 mm	4.505 mm
Compartimento de carga/bagagem	607 litros	804 litros
Direção		
Tipo de direção	Mecânica	Mecânica
Freios		
Dianteiros	Tambor	Tambor
Traseiros	Tambor	Disco
Motor		
Cilindrada	1.192 cm^3	1.390 cm^3
Torque líquido máximo	5,6 kgfm – 2.000 rpm	12,5 kgfm (G) / 12,7 kgfm (A) – 3.500 rpm
Potência líquida máxima	36 cv – 3.7000 rpm	78,0 cv (G) / 80,0 cv (A) – 4.800 rpm
Número de passageiros		
Dianteiros	9	9
Pesos		
Em ordem de marcha	1.040 kg	1.259 kg
Carga útil máxima	810 kg	1.000 kg
Rodas		
Aros	4,1/2J x 15	5 1/2J x 14
Pneus	6,40 x 15	185/80 R14
Reservatório de combustível		
Capacidade	40 litros	45 litros
Transmissão		
Câmbio	Manual de quatro marchas	Manual de quatro marchas

Produção ano a ano

MODELO	1957	1958	1959	1960	1961	1962	1963	1964	1965	1966	1967	1968
Kombi	371	4.678	8.049	10.685	15.676	13.472	13.663	11.519	12.384	14.304	19.102	22.542
Ambulância	0	122	151	164	152	594	316	325	158	159	138	268
Furgão	0	19	183	450	487	497	449	534	572	635	981	1.201
Pickup	0	0	0	0	0	0	0	0	0	0	951	2.871
Total	371	4.819	8.383	11.299	16.315	14.563	14.428	12.378	13.114	15.098	21.172	26.882

Produção ano a ano

MODELO	1969	1970	1971	1972	1973	1974	1975	1976	1977	1978	1979	1980
Kombi A												6
Kombi G	24.934	26.804	24.319	30.369	38.168	41.244	42.911	51.426	35.682	38.448	37.847	29.266
Kombi KG			444	528	1.308	1.560	3.588	1.740	7	324	1.128	13.236
Ambul. A											38	227
Ambul. G	209	214	197	180	216	525	425	369	348	1.436	980	893
Furgão A												3
Pickup A											3	3
Furgão G	1.375	1.237	1.703	1.484	2.344	2.423	3.250	2.963	2.239	5.690	5.865	7.969
Pickup G	1.735	1.950	2.097	2.865	3.335	4.609	6.749	7.790	4.803	5.665	4.431	4.944
Furgão KG				192	228	72	1.896	1.320				
Pickup KG						1.008	576	672				
Furgão KG											48	408
Total	28.253	30.205	28.760	35.618	45.599	51.441	59.395	66.280	43.079	51.563	50.340	56.955

KG-CKD gasolina

Dados técnicos

Produção ano a ano

MODELO	1981	1982	1983	1984	1985	1986	1987	1988	1989	1990	1991	1992
Kombi A	8	5.975	7.678	11.348	9.773	10.000	8.375	12.895	6.146	1.064	1.026	1.779
Kombi G	11.481	14.789	4.570	2.136	1.705	2.657	1.819	4.871	9.097	13.629	9.946	12.925
Kombi KG	2.400	1.188	888	324	3.552	156	624	768	36			
Ambul. A		44	451	67	109	136	207	274	63	11	4	332
Ambul. G	2.005	263	122	77	66	78	79	34	72	171	149	100
Ambul. KG					312							
Furgão A	669	504	580	1.693	1.647	1.522	3.364	4.029	2.582	493	740	1.539
Pickup A	2	901	3.476	5.369	4.618	5.270	4.554	4.156	1.534	332	928	1.411
Pickup CD A	1	385	745	1.413	1.503	1.626	1.693	1.563	717	166	252	421
Furgão D	4.769	12.962	2.356	416	82	19						
Pickup D	3.418	2.982	623	255	60	1						
Pickup CD D	238	4.413	484	170	55	10						
Furgão G	9.949	1.365	465	490	530	1.515	487	2.135	4.068	4.482	4.206	5.402
Pickup G	991	780	264	399	155	530	469	621	1.165	2.593	2.372	2.153
Pickup CD G	42	291	207	120	121	98						
Furgão KG	2.016	2.184	1.908	776	1.416	1.344	768	720	24			
Pickup KG	384	670			24							
Pickup CD KG				36	24							
Total	38.373	49.696	25.087	25.089	25.752	28.262	22.439	32.066	25.504	22.941	19.623	26.062

A-álcool – G-gasolina – D-diesel – KG-CKD gasolina

Produção ano a ano

MODELO	1993	1994	1995	1996	1997	1998
Kombi A	781				82	83
Kombi (pop) A	2.951	1.828	775	261		
Kombi G	3.988				40.505	20.792
Kombi (pop) G	16.814	35.551	41.010	4.566		
Ambul. A	72	33	7	2		
Ambul. G	242	169	207	216	43	121
Furgão A	350				8	3
Pickup A	125				76	
Total	25.323	37.581	41.999	5.045	40.714	20.999

A-álcool – G-gasolina – POP-popular

Produção ano a ano

MODELO	1999	2000	2001	2002	2003	2004	2005	2006	2007	2008	2009	2010
Kombi A	251	119	189	1.936	558	937	1.390					
Kombi G	18.767	17.007	15.049	13.653	8.084	9.886	10.742					
Pickup	850	18										
Ambul. A		1		13								
Ambul. G	79	79	56	38	2	3	16					
Furgão G	2.044	2.931	2.296	1.242	1.043	1.580	1.455					
Furgão A		1	37	22	21	100	131					
Furgão KG												
Pickup KG												
Furgão KG												
Kombi Flex							13	18.074	20.613	25.681	24.409	22.756
Ambul. Flex								26	15	31	16	24
Furgão Flex							7	2.286	2.807	2.830	3.548	2.637
Total	21.991	20.156	17.627	16.904	9.708	12.506	26.854	20.386	23.435	28.542	27.973	25.417

A-álcool – G-gasolina – KG-CKD gasolina – Flex-álcool e gasolina

FONTES DE CONSULTA

GONÇALVES, Vergniaud Calazans. *Automóvel no Brasil 1893-1966,* Editora do Automóvel.
ROBSON, Graham. *Volkswagem Chronicle,* Publications International.
Volkswagen Transporter/Bus 1949-67, Schiffer Publishing, Munique, Alemanha.

REVISTAS

VW Trend – 50 years of the Bus mach 2000
Mecânica Popular [edição especial Salão do Automóvel 61/62; edição dezembro de 1962 (R005) e janeiro de 1968 (R021)]

CRÉDITO DAS IMAGENS

Abreviações: a = acima; b = embaixo; c = no centro; d = à direita; e = à esquerda.
Na falta de especificações, todas as fotos da página vieram da mesma fonte.

Páginas 9, 11, 13, 15, 16,17, 18a, 19, 20, 21, 26, 27, 28-9, 30, 31, 33, 35, 36, 42-3, 45, 56, 63, 64, 66, 67, 68, 70, 71, 88-9, 91, 93, 96, 97, 99, 102-3: arquivo dos autores.
Páginas 57, 58, 59, 60, 61, 62, 76: José Rogério Lopes de Simone.
Páginas 7, 18b, 24, 50, 51, 84: Fábio de Cillo Pagotto.
Páginas 44, 46, 47, 52, 54b, 55, 73, 74, 76, 77, 79, 80, 81, 82, 83: André Portuga Tavares.

Conheça os outros títulos da série:

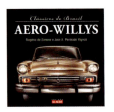 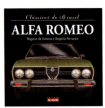  

 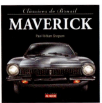 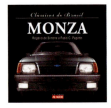